TOUTE LA MER DANS UN COQUILLAGE

MARIE JAVET

TOUTE LA MER DANS UN COQUILLAGE

roman

SOLAR
EDITIONS

À ceux qui sont une inspiration pour moi,
et qui se reconnaîtront peut-être dans ces pages.
Toute ressemblance avec des personnes existant
ou ayant existé n'est pas toujours fortuite…

The less I have the more I am a happy man
Charlie Winston, *Like a Hobo*

Prologue

C'est fou comme en peu de temps une vie peut basculer…

Claire vient d'être traversée par cette pensée. Installée sur la terrasse de son bistrot préféré, carrefour de l'Odéon, elle est un peu nerveuse, comme si c'était la première fois qu'elle venait là. Pourtant, elle fréquente cet endroit depuis des années… Elle a trente-quatre ans et, à ses pieds, deux valises et un sac de voyage résument toute sa vie.

Le carrefour bruyant, encombré de piétons, de voitures et autres deux-roues, lui rappelle qu'elle est à la croisée des chemins. Mais l'agitation qui règne autour d'elle ne doit pas perturber le calme et la détermination qu'elle est résolue à cultiver.

Qu'il est difficile pourtant d'ignorer le chaos ambiant et de se recentrer pour, dans quelques minutes, se mettre en mouvement, quitter le bistrot, quitter le quartier, quitter Paris, quitter la seule vie qu'elle connaît depuis son entrée dans l'âge adulte.

Elle respire profondément. Une seule journée a suffi à chambouler sa vie. C'était il y a trois mois…

Première partie :
PARIS

1

15 avril

La sonnerie du portable résonne dans l'appartement en mode réveil. J'appuie sur le bouton rappel d'alarme par réflexe, pour gagner neuf petites minutes de répit. La lumière commence à filtrer par les interstices du store, culpabilisante. Pour l'oublier, je remonte la couette au-dessus de ma tête et m'offre le luxe de replonger dans les délices de mon songe inachevé. Il était question de cocktails et de transats… Je me retrouve au bord d'une piscine azuréenne, suivant des yeux une ombre à l'horizon de mon rêve, vague silhouette qui se précise peu à peu. L'homme, séduisant, s'approche, se penche sur… Le brutal rappel de l'alarme retentit, me faisant sursauter et me laissant le cœur battant. Pitié ! Quelques minutes de plus, une ultime plage d'errance entre sommeil et veille. Je me suis couchée si tard, hier, lisant et relisant ma présentation pour la peaufiner afin de convaincre Jean-Pierre Marquis et

Serge Jobin, les big boss. Ma présentation ! C'est le jour de ma présentation ! Soudain, je me redresse, parfaitement réveillée, cette fois : on est lundi, et je dois présenter mon projet de collection à la maison d'édition dans laquelle je travaille depuis huit ans. Directrice de collection ! Je prends trois secondes pour visualiser mes futures cartes de visite, et je saute hors de mon lit. Ma tête tourne. Je retombe sur le lit.

Pour calmer la panique qui me gagne, je m'essaie à deux ou trois respirations profondes. C'est ce qu'on nous enseigne aux cours de yoga que je réussis à prendre le vendredi, à la pause de midi, quand je parviens à m'éclipser du bureau. Pas assez souvent ces derniers temps. Pas régulièrement.

Enfin sur mes pieds, je fonce vers la cuisine pour me faire un café corsé. Mon premier geste du matin… Sans lui, le monde garde une consistance cotonneuse toute la journée. Une douche rapide, avec shampooing. Pas question d'affronter mes chefs avec le cheveu terne et gras ! Un coup de sèche-cheveux, et j'enfile le collant qui va bien avec la tenue que j'ai choisie. J'ai décidé hier que ce serait la petite robe portefeuille noire, fluide et confortable. Où est-elle passée ? Je farfouille dans l'armoire, où elle devrait être, pendue sur son cintre. Non… Pas sur les étagères, non plus, ni sur la chaise. Je m'énerve, et commence à transpirer. Ne pas oublier de passer une lingette sur mes aisselles avant de l'enfiler… quand je l'aurais trouvée. Les auréoles sous les bras à 9 heures du matin au mois d'avril, ce n'est pas envisageable. Je finis par mettre la main sur la robe, qui gisait dans le panier des fringues à repasser. La poisse ! Un coup d'œil sur l'heure : 9 h 15.

Dans quarante-cinq minutes, je dois être dans la salle de conférences des locaux place d'Italie, en train de vendre mon idée avec calme et assurance. C'est encore jouable. Je pourrais me rabattre sur une autre robe, la bleu azur, qui rehausse mon teint pâle, ou la blanche très cintrée qui met en valeur ma taille et que j'ai dégotée le premier jour des soldes, mais la petite noire, c'est mon porte-bonheur. Je la portais le jour où on m'a nommée responsable éditoriale, il y a deux ans. Hors de question d'en choisir une autre ! J'extirpe la table à repasser du placard où elle est coincée, entre l'aspirateur et l'étendoir à linge. Dans ma hâte, j'oublie de retenir ce dernier, qui finit sur le carrelage dans un grand fracas. Je le ramasserai ce soir en rentrant. Je me hisse sur un tabouret et récupère le fer à repasser. En redescendant, je perds l'équilibre. Heureusement, je me rattrape de justesse à la porte du placard sans laisser tomber le fer, mais j'ai réussi à filer mon collant dans la bagarre. Quelle idiote ! Comme si c'était le jour d'être maladroite ! Au bord des larmes, je branche le fer et pars à la pêche d'une autre paire de collants. Une qui ne soit pas trouée… Je jette ensuite la robe sur la table à repasser et écrase rageusement le col qui rebique avec le fer, enfin chaud. Pourquoi n'ai-je pas mis mon réveil une demi-heure plus tôt ? Et qu'est-ce qui m'est passé par la tête de mettre le rappel d'alarme pour gagner quelques pauvres minutes qui n'ont servi à rien et que, de toute évidence, je ne pouvais pas me permettre ?

Moi qui m'étais juré d'arriver en avance, pour prendre une tasse de café avec Sandrine, ma meilleure amie et assistante, et faire un dernier briefing avant la présentation ! C'est loupé ! Maintenant, je vais devoir prendre le métro au lieu de marcher pour me remettre les idées en place, et j'aurais de la chance si je suis à l'heure. Si je n'arrive pas la dernière. Je saute dans mes baskets et attrape mon ordinateur, dans lequel j'ai enregistré le PowerPoint de ma présentation. Ne me manque plus que mon sac… Je cherche des yeux mon cabas de cuir noir, parfait pour l'occasion, quand je me rappelle que, samedi soir, j'ai transféré tout son contenu dans le rose frangé, style hippie chic, pour un *date* avec Marco, avec qui j'avais bien accroché en tchattant sur Etplussiaffinités. La soirée s'est soldée par un fiasco, le beau gosse italien ayant éclusé des bières avec la rapidité — mais pas l'endurance — d'un hooligan irlandais… Il a fini la soirée en pleurant sur ses échecs sentimentaux pendant que j'étouffais des bâillements derrière mes doigts fraîchement manucurés.

Le style hippie chic du sac rose ne convient pas du tout pour l'occasion, mais il faudra bien que je fasse avec, je n'ai pas le temps de tout retransférer dans l'autre. Je glisse mon ordi dans sa sacoche, puis sors de chez moi, claque la porte et dévale la rue de Tournon sans un regard pour la plaque qui signale au passant que Gérard Philippe a vécu et est mort à cet endroit. C'est pourtant cette plaque, que je vois tous les jours sur l'immeuble voisin, qui m'a donné l'idée de la collection que je m'apprête à soumettre à ma maison d'édition : de courts ouvrages qui présenteront des gens célèbres — acteurs, peintres, écrivains ou autres — par le biais de leur lien avec la capitale, et la façon dont ils l'ont immortalisée dans leurs œuvres.

Si mon projet est accepté, le numéro un sera consacré à Victor Hugo. J'ai confié sa rédaction à un professeur de lettres retraité, Alain Lombard, que j'ai connu grâce à mon application de rencontres. Il était trop âgé pour que j'imagine une liaison avec lui, mais j'avais accepté un déjeuner car nos échanges m'avaient laissé entrevoir quelqu'un de très intéressant, cultivé, enthousiaste. Nous n'en étions pas au dessert que je lui proposais d'écrire un ouvrage sur le Paris de son auteur préféré. L'idée de la collection me trottait dans la tête depuis un moment déjà. Alain avait accepté, heureux à l'idée de pouvoir partager sa passion. Depuis, nous nous étions revus plusieurs fois. Je ne peux pas dire que nous sommes amis, mais j'ai beaucoup de plaisir à le retrouver de temps en temps pour discuter littérature.

2

Trente minutes de marche rapide me permettent en général de rejoindre le bureau depuis mon appartement. C'est ma séance de sport quotidienne. Et puis, j'aime m'imprégner de l'atmosphère de la rue pour commencer ma journée. Ce matin, c'est raté… Je file en courant prendre le métro à Odéon. La ligne n'est pas directe, il ne va pas falloir que j'oublie de changer à Jussieu. Je déteste les transports en commun parisiens, la foule qui te presse, qui te bouscule, les odeurs corporelles… Ce n'est pas un cadeau d'avoir l'odorat très développé quand tu prends le métro. Comme prévu, la voiture est bondée, et je me retrouve coincée entre une dame corpulente et un post-ado qui mâchonne son chewing-gum en secouant la tête au rythme du rap qui se déverse dans son casque, si j'en crois les sons saccadés qui me parviennent aux oreilles. Une sensation désagréable m'assaille : j'ai oublié quelque chose ! Mon ordinateur avec ma présentation ? Dans sa sacoche, accrochée à mon épaule. Mon téléphone ? Dans ma poche. Mes clés ? Dans mon sac. Je suis sûre pourtant qu'il me manque quelqu… Mes escarpins ! Dans la panique, j'ai enfilé des baskets pour pouvoir courir, et ils sont restés dans le placard. J'avais pourtant tout surmonté ou presque : la robe froissée, les collants filés… Bien sûr, j'ai toujours des ballerines de secours dans un tiroir de mon bureau, au cas où je casserais un talon ou pour un jour comme aujourd'hui, mais j'aurais bien eu besoin de l'assurance que me donnent ces hauts talons. Ils m'ont coûté un demi-mois de salaire, que je n'ai jamais regretté. Je ne les mets que dans les grandes occasions, mais grâce à eux je me suis toujours sentie à la hauteur, dans tous les sens du terme. Comment être crédible du haut de mon mètre soixante face à un Jobin et un Marquis qui dépassent tous deux le mètre quatre-vingt-dix ?

Lors d'un séminaire de développement personnel payé par l'entreprise, un coach nous a donné plusieurs conseils pour nous sentir à l'aise lorsque nous devons faire une présentation ou prendre la parole en public, ce qui n'est vraiment pas mon fort. Pour être détendu, nous a-t-il affirmé, il est important de se sentir bien dans son corps et de porter des habits qui donnent confiance en soi. Tout commence par là. Depuis, je prends toujours soin de peaufiner ma tenue quand je dois rencontrer un auteur qui m'intimide par sa renommée ou quand j'ai à prendre la parole devant des collègues. Aujourd'hui, sac inapproprié et chaussures oubliées ne vont pas m'aider à me sentir bien dans ma peau, confiante, pleine de cette assurance dont j'aurais tant besoin.

Je transpire. Encore. Une sensation de moiteur sous les bras, pour commencer, puis une désagréable bouffée de chaleur qui m'envahit jusqu'à la racine des cheveux. Je commence à suffoquer. Non, pas ça… Je suis au bord de la crise d'angoisse. Je la redoute depuis quelque temps, celle-là, depuis que s'enchaînent sur un rythme croissant les moments de doute, d'anxiété et d'appréhension, toujours en lien avec le boulot. Je change à la station suivante. Jussieu. Je tiendrai jusque-là, il le faut. Je me rapproche de la porte et appuie mon front contre la vitre, les yeux fermés. La rame est à peine arrêtée que je me précipite sur le quai. Violentes, les lumières de la station m'aveuglent. Lorsque je suis dans cet état, tous les stimuli visuels et auditifs semblent rivaliser d'insolence pour m'agresser. Je ne me sens pas capable d'affronter le deuxième métro. Je jette un œil à l'écran de mon portable : 9 h 50 ! Aucune chance que je sois à l'heure, à présent. J'ai comme un vertige, l'impression d'être sur le point de m'évanouir. Je suis les couloirs souterrains vers la sortie en frôlant les murs, me traîne dans les escaliers et débouche enfin à la lumière du jour. Mon souffle est court, ma poitrine serrée. Peut-être que ce n'est pas une crise d'angoisse, cette fois-ci, mais mon cœur qui lâche. Trop de stress, trop de soucis… Je tente de me raisonner. J'ai déjà vécu ça. Je sais que la sensation finira par passer. Elle passe toujours. En attendant, je n'ai d'autre recours que de trouver un banc et de m'asseoir, entourée d'arbres, d'immeubles et de gens qui se pressent.

Mon téléphone se manifeste. *I'll stand by you,* des Pretenders, la sonnerie associée à Sandrine. Mon amie. Celle qui sera toujours là pour moi comme je serai toujours là pour elle. Nous avons fait nos études ensemble, et avons vécu quelques années en coloc. Nous avons tout affronté à deux. Fins de mois galère, examens et résultats décevants, chagrins d'amour… Il y en avait toujours une pour consoler l'autre, lui redonner du courage. Après nos études, j'ai eu la chance de trouver assez vite un travail dans une maison d'édition prestigieuse. Sandrine, qui partageait le même rêve, a connu plus de difficultés. Elle est passée de stage en stage, puis de CDD en CDD sans parvenir à décrocher un CDI. Il y a deux ans, après plusieurs mois de chômage, elle a sombré dans la dépression. Avant de me rendre au travail, je lui amenais des croissants, ouvrais ses volets, la forçais à sortir du lit, lui préparais un café et l'obligeais à prendre le petit déj avec moi. Le vendredi midi, je la traînais de force à mon cours de yoga.

Peu à peu, elle a réussi à sortir de sa torpeur et j'ai pu la faire embaucher dans ma maison d'édition. D'abord en CDD. Ayant repris confiance, elle s'est mise au travail avec tant d'envie et de passion qu'elle a réussi à obtenir un CDI... et est devenue mon assistante. Au début, j'étais un peu embêtée d'être sa supérieure hiérarchique, mais notre collaboration se passe bien. Sandrine n'a eu de cesse de m'exprimer sa reconnaissance, et moi de lui dire qu'elle aurait fait la même chose si la situation avait été inversée et si je m'étais retrouvée en difficulté. C'est aussi à ça que sert l'amitié, à s'entraider dans les moments difficiles. Vu sa motivation et son désir de réussir, je n'ai aucun doute sur le fait que sa carrière ne tardera pas à décoller et qu'elle aussi sera nommée responsable éditoriale. Elle ne restera pas longtemps mon assistante, je ne me fais aucun souci de ce côté.

— Claire, où es-tu ? Tout le monde t'attend.

— Écoute... hum... j'ai un peu de retard. Mon réveil n'a pas sonné, je ne sais pas ce qui s'est passé. Mais t'inquiète, je suis là dans une dizaine de minutes.

Je n'ose lui avouer la vérité. Auprès de mes supérieurs hiérarchiques, je cache cette faiblesse, cette fissure qui s'est creusée peu à peu en moi, pour ne pas donner l'impression que je suis incapable d'assumer la charge de travail de ma fonction ou que je manque d'ambition. Qui confierait un poste à responsabilités à quelqu'un qui ne maîtrise pas ses émotions ? Vis-à-vis de Sandrine, je pressens que les raisons de mon silence sont plus complexes. Pourtant, on est amies. BFF, même, si un tel qualificatif ne sonnait pas un peu pathétique et adolescent à un âge où la plupart de nos contemporaines sont mariées avec des enfants. Depuis qu'on se connaît, on s'est toujours tout dit, ce dont on est fières comme ce dont on a honte, alors pourquoi me taire aujourd'hui ? Qu'est-ce qui me retient de lui confier que j'ai fait une énième crise d'angoisse alors qu'elle sait que cela m'arrive souvent en ce moment ? Je n'ai pas le temps d'analyser ça, on verra plus tard…

— Dépêche-toi ! Marisa est d'une humeur de chien, ce matin. Elle a déjà hurlé sur Gaston parce qu'il a renversé sa tasse de café.

J'avais bien besoin que ma cheffe soit dans de mauvaises dispositions aujourd'hui ! Voilà qui ne va pas arranger mon stress. Marisa est cyclothymique. En général charmante, elle se montre parfois cassante et agressive, passant du beau temps à l'orage en quelques secondes sans qu'on sache quelle mouche l'a piquée. Si la mouche en question est notre jeune stagiaire, Karim, son humeur n'a aucune chance de sortir du rouge avant la fin de la réunion. Marisa ne supporte ni sa maladresse ni sa propension à mettre régulièrement la photocopieuse hors service. S'il n'était pas le petit protégé de Son Altesse (comme on appelle entre nous Jean-Pierre Marquis, un des patrons), qui est un vieil ami de son père, il aurait été renvoyé depuis longtemps. Avec Sandrine, on l'a surnommé Gaston tant il cumule gaffes et boulettes en tous genres, mais on l'aime bien. Ce matin, je me serais bien passée de cette énième bévue de Karim… Entre ça et mon retard, Marisa doit être dans un état proche de la crise de nerfs.

Plus de temps à perdre. Je me lève et pique un sprint dans les rues parisiennes jusqu'au bureau, où j'arrive hors d'haleine. Je me raisonne : douze minutes de retard, il n'y a pas mort d'homme. Je m'engouffre dans l'ascenseur, presse sur le bouton du huitième étage et ferme les yeux pour me concentrer sur mon souffle. Pas question de donner l'impression que je viens d'achever le marathon de Paris ! L'ascenseur s'arrête, les portes glissent et j'ouvre les yeux sur… un mur blanc. Je suis coincée entre deux étages !

3

Je tente de ne pas céder tout de suite à la panique. Une double panique : celle de me retrouver enfermée dans un espace réduit — même si je sais pertinemment que l'air contenu dans la cabine de l'ascenseur est suffisant, j'ai l'impression qu'il se raréfie à mesure que je respire — et celle qui surgit à l'idée que la réunion se déroule quelques étages au-dessus… sans moi. Ma seule consolation, c'est de savoir que Sandrine gérera la situation comme une cheffe. Elle a suivi les étapes du concept de la nouvelle collection et pourra assurer la présentation à ma place. Elle a d'ailleurs fait preuve de beaucoup d'initiative, ces derniers temps. Quel chemin parcouru… Je suis tellement fière d'elle ! Incapable de sortir de son lit et shootée aux antidépresseurs il y a à peine deux ans, elle a pris à présent une assurance qui fait plaisir à voir. Elle s'est beaucoup investie et n'a pas compté son temps pour m'épauler dans la conception de la nouvelle collection.

C'est même elle qui a eu l'idée de son nom, « Parissimo ! ».

Pour ne pas me laisser aller au stress, je visualise cette série de petits ouvrages fins, faciles à glisser dans la poche arrière d'un jean, aux couvertures pop, modernes et attrayantes, dont on a passé des heures à peaufiner le look avec Émilie, l'une des graphistes. Je les imagine déjà en tête de gondole des librairies. Le must pour le visiteur, qui y trouvera des anecdotes inédites sur le Paris des artistes. Le deuxième volume, après celui sur Victor Hugo, concernera Basquiat et Warhol, et plus spécifiquement bien sûr leur voyage dans la capitale française, qui a débouché sur la conception d'une toile à quatre mains, *Eiffel Tower*. L'auteur du livre, un galeriste qui a bien connu les deux compères, a promis quelques anecdotes croustillantes sur leur séjour parisien. J'ai rendez-vous avec lui la semaine prochaine.

J'essaie de me raccrocher à ces pensées agréables pour ne pas repartir dans le cycle infernal de l'angoisse. J'appuie régulièrement sur le bouton d'alarme de l'ascenseur, mais aucune voix rassurante ne me répond. Je me raisonne en me disant que le technicien est sûrement occupé à une autre intervention. J'ai la présence d'esprit d'envoyer un message à Marisa et à Sandrine : « Coincée dans l'ascenseur de l'immeuble. Pouvez-vous appeler le technicien ? J'appuie sur le bouton mais rien ne se passe ! » Je suis encore de la génération qui écrit ses SMS en bon français. Je n'ai pas appris à décrypter les « tkt » et autre « ptdr ».

Je commence à avoir soif et m'en veux de ne pas avoir pris ma gourde. En général, je la glisse dans mon sac chaque matin et la remplis à la fontaine du bureau. Dans ma hâte, je n'y ai même pas pensé. Ma bouche est pâteuse et ma langue semble gonflée, m'empêchant d'avaler ma salive, ce qui me gêne beaucoup. Je tente une respiration yogique : inspirer en comptant jusqu'à trois, retenir sa respiration en comptant aussi jusqu'à trois, expirer de la même façon et garder les poumons vides sur la même durée, puis recommencer. Je perds rapidement le fil et ma respiration s'emballe. Je vérifie anxieusement mon portable pour voir si Marisa ou Sandrine ont vu mon message, mais il n'y a qu'une coche. Elles ne l'ont même pas reçu.

Après ce qui me semble des heures, l'ascenseur se met à nouveau en branle. Mon téléphone indique 10 h 56. La réunion doit toucher à sa fin. Repensant à tout le temps et aux efforts qu'il m'a fallu pour la préparer, je sens les larmes me monter aux yeux. Ce n'est pas le moment.

Lorsque les portes s'ouvrent enfin sur le bon étage, je pique un sprint jusqu'à la salle de conférences. Je croise Marisa à la porte et jette un regard à l'intérieur. Jobin et Son Altesse, devant qui j'espérais faire bonne impression, sont déjà partis, sans doute appelés vers des rendez-vous plus importants. Cette nouvelle collection est une étape importante de ma carrière, mais elle n'est pour eux qu'un détail de leur journée, coincé entre une renégociation de contrat avec un auteur à succès et un déjeuner avec un éditeur rival.

En passant rapidement devant moi pour rejoindre son bureau, Marisa me soupire un « Après la bataille ! » assorti d'un petit sourire en coin. À peine m'a-t-elle dépassée qu'elle s'arrête et se retourne en me lançant :

— Passe me voir dans mon bureau à 18 h 30 !

Que va-t-elle m'annoncer ? Une mauvaise pensée m'assaille : et s'ils avaient dit non au concept de la collection ?

J'ai un élan de sympathie pour Alain, le professeur passionné de Victor Hugo qui a accepté de se lancer dans la rédaction sans le moindre contrat préalable, « pour la passion du sujet », comme il dit. C'est un risque qu'il s'est dit prêt à courir. De mon côté, je savais que j'aurais plus de chance de convaincre Jobin et Son Altesse avec une maquette déjà prête plutôt que sur un projet en l'air. Et puis, Marisa a souri. En coin, mais elle a souri. Je m'accroche à ce fait et l'espoir renaît. Sandrine s'apprête à quitter la salle de réunion à son tour, et je m'aperçois que je me tiens sur le pas de la porte et l'empêche de sortir. Je m'écarte pour lui permettre de passer et lui emboîte le pas tandis qu'elle se dirige vers la machine à café.

— Je suis restée coincée dans l'ascenseur. Je vous ai envoyé un message, à toi et à Marisa. Alors, comment ça s'est passé ?

— Très bien ! Marisa t'en dira plus ce soir, j'imagine…

— Mais tu ne veux pas me raconter ? Pourquoi ?

— Écoute, elle m'a dit qu'elle préférait t'en parler elle-même. Ne me mets pas dans une situation difficile.

Sandrine fuit mon regard. Elle se concentre sur les capsules colorées, hésitant entre Capriccio et Volluto comme si le reste de sa journée dépendait de ce choix crucial. J'essaie de comprendre sa réaction. Je suis à la fois sa supérieure et son amie. En tant qu'amies, on se dit tout, mais si Marisa lui a annoncé qu'elle préférait me raconter elle-même les conclusions de la réunion, Sandrine se retrouve en porte-à-faux dans un conflit de loyauté. La situation doit être inconfortable pour elle. Même si je ne peux pas nier que je suis un peu blessée par son attitude, je dois respecter sa réserve. Je décide de changer de sujet :

— Au fait, tu sais que ce soir est le grand soir ?

Les yeux de Sandrine croisent enfin mon regard, mais le sien est totalement inexpressif.

— Le grand soir pour quoi ?

— Mais oui, tu sais bien ! Léo, le type avec qui je tchatte depuis un moment sur Etplussiaffinités ? Je le rencontre en live ce soir.

— Ah… J'espère pour toi que ça se passera bien. Je croyais que c'était déjà fait, tu m'en as parlé l'autre jour… C'est un Italien, non, ton Léo ?

Elle me parle sans me regarder. Elle a opté pour un Volluto et est à présent concentrée sur le filet brun qui s'écoule dans sa tasse. J'essaie de cacher mon agacement. Sandrine est distraite, et elle semble ne prêter aucune attention à ce que je lui raconte. D'ailleurs, à bien y réfléchir, cela fait longtemps qu'elle ne m'a fait aucune confidence sur sa vie sentimentale. Peut-être est-ce dû au fait qu'elle file le parfait amour avec Laurent depuis trois mois. Sans doute le bonheur ne se raconte-t-il pas aussi facilement que les déceptions. On le garde pour soi, précieusement, comme si le partager risquait de le diluer.

— Mais non ! L'Italien, c'était Marco, celui qui me racontait ses déboires en picolant. Tu ne te rappelles pas ? On en a rigolé, pourtant !

— Marco, Léo… ça devient difficile à suivre. En plus, avec tout le boulot qu'on a actuellement, ce n'est peut-être pas le moment de batifoler, tu ne crois pas ?

J'en reste muette. Sandrine me fait la morale ou je rêve ? Suis-je donc si centrée sur moi-même que je ne me suis même pas aperçue que mes histoires de cœur ne l'intéressaient plus ?

Elle me laisse en plan devant la machine à café, et je bois debout un Vivalto Lungo, qui malgré son nom chantant ne me laisse en bouche que le goût de l'amertume et de l'incompréhension. Je regagne mon open space. Sandrine, qui me fait face, ne lève pas les yeux de son écran et tapote sur son clavier, absorbée par la tâche.

Découragée par ce lundi qui commence si mal, je tente de me concentrer sur le dernier manuscrit de Jérôme Magin, qui suit la même recette que les précédents : du sexe et de la violence. Un futur roman à succès. Pourtant, je m'ennuie, trouve ses écrits prévisibles, sans originalité. Son héros, Jack DuVall, est un concentré de testostérone dont la psychologie néandertalienne ne laisse aucune place à la nuance. Mais qu'importe mon avis… Magin pèse ses cent cinquante mille exemplaires vendus pour chaque titre. Un auteur star indétrônable… du moins pour le moment. Je suis bien placée pour savoir que les modes passent et que les auteurs lassent. Je trouve Magin, que j'ai rencontré à plusieurs reprises, suffisant, imbu de sa personne. Il aime se gargariser de son succès. Si j'avais le moindre pouvoir de décision dans cette boîte, je lui dirais le fond de ma pensée. Du moins, j'aime à le croire.

Je repense aux raisons qui m'ont attirée vers ce métier, alors que j'étais plus jeune et encore idéaliste : l'envie de découvrir de nouvelles plumes, des gens de talent. Je rêvais de dégoter les Modiano de demain, des auteurs pas forcément à l'aise dans la promotion d'eux-mêmes mais pour qui un éditeur s'engagerait corps et âme, sur la foi en un don d'écriture et un univers littéraire unique. La réalité est bien loin de ça. La loi du marketing règne en maître, et je regrette le temps où l'éditeur était celui qui découvrait une perle parmi des piles de manuscrits d'anonymes. En réalité, ces derniers ne parviennent même pas jusqu'à mon bureau : ils sont parcourus et triés par des stagiaires ou des lecteurs dans des services dédiés. Seuls quelques-uns sont retenus. Pour les autres, si l'auteur a pris soin de joindre une enveloppe timbrée, ils sont retournés accompagnés d'une lettre type. Je suis soudain saisie d'un sentiment de dégoût profond pour mon travail et le peu de rapport qu'il a avec l'idéal qui m'animait au départ. Cela fait quelque temps que je doute et me questionne, mais c'est la première fois que le sentiment est si fort, qu'il s'impose à moi avec une telle évidence : je n'aime plus mon travail. Peut-être que la nouvelle collection va tout changer et que mes futures responsabilités me permettront d'avoir un petit peu d'influence tout en redonnant à mon métier un semblant d'authenticité… Pourvu que Jobin et Son Altesse aient validé « Parissimo ! ». Vivement 18 h 30 que j'en sache plus.

Je tue le temps avec quelques coups de téléphone et la rédaction d'un contrat d'édition. À midi, je propose à Sandrine de venir manger à la cafétéria. J'espère effacer le malaise de ce matin. Elle était peut-être stressée, ou de mauvaise humeur… Son attitude n'avait sans doute rien à voir avec moi. J'ai parfois un peu trop tendance à prendre les choses personnellement… Sandrine me répond sèchement qu'elle ne prend pas sa pause maintenant, qu'elle a beaucoup trop de travail et que, de toute façon, elle a prévu de manger dehors.

Je déjeune seule, contemplant la vue sur la place d'Italie. Malgré les déconvenues subies depuis ce matin, il y a quelque chose de rassurant à voir que les gens, en bas, autour de la fontaine continuent à s'agiter dans le maelstrom de leur propre existence, indifférents à mes remous intérieurs. J'en ressens un mélange complexe d'apaisement et d'humilité. L'après-midi se déroule sans événement notable.

4

À 18 h 30, je me dirige, anxieuse, vers le bureau de Marisa. Elle est au téléphone, mais me fait signe d'entrer. Je m'assieds en face d'elle et consulte les pages de mon agenda par discrétion, pour lui donner l'impression que je n'écoute pas la conversation. Je comprends qu'elle est en ligne avec un auteur qui veut négocier son à-valoir à la hausse. Elle se fend de son ton le plus mielleux pour lui faire comprendre que la somme proposée dans le contrat est à prendre ou à laisser étant donné les ventes médiocres de son dernier opus. Elle raccroche, visiblement satisfaite du résultat de sa conversation, et me regarde quelques secondes avant d'attaquer :

— C'est vraiment dommage, Claire, que tu aies loupé la réunion. Je sais que l'ascenseur est tombé en panne, mais à l'heure où ça s'est produit nous étions déjà tous dans le bureau. Tu étais en retard, et ce n'est pas la première fois.

— Je sais. Je suis désolée. J'avais veillé tard pour finaliser la présentation et je n'ai pas entendu le réveil…

Piteux mensonge, pour la deuxième partie de la phrase en tout cas.

— Et nous, tu crois qu'on se débrouille comment pour l'entendre, le réveil ? La vérité, c'est que tu es à côté de tes pompes, ces derniers temps. L'édition, ça demande de la niaque, je ne t'apprends rien. Et là, je ne sais pas ce qui se passe, mais ta niaque, tu l'as perdue…

Je me sens grimacer. Niaque. Je déteste ce mot, qui claque agressivement à mes oreilles, comme un coup de fouet. Je ne l'emploie jamais…

Imperturbable, elle poursuit :

— En plus, tu commets des erreurs professionnelles. Tu as refusé un délai supplémentaire à Annette Golding pour la remise de son manuscrit, et elle s'est plainte de toi. Heureusement, j'ai aplani la situation.

— Annette se fiche de nous ! La dernière fois déjà, elle a pris six mois de retard sur le planning, on a dû repousser la sortie du livre. En plus, elle ne sait pas écrire. On est obligés de remanier ses manuscrits de fond en comble…

— D'accord, Annette écrit comme un pied. Tu le sais. Je le sais. Tout le monde le sait. Mais je te rappelle un chiffre : 45 000 ! Son dernier roman s'est vendu à 45 000 exemplaires. Tu crois qu'on peut cracher là-dessus ? Elle est populaire, elle a une grosse communauté sur les réseaux sociaux et elle fait un travail de promo impeccable.

— Mais ça reste de l'imposture, non ? J'en ai marre de ces auteurs qui ne savent pas écrire. C'est pour ça que je me suis lancée corps et âme dans « Parissimo ! ». On donne la chance à des passionnés de s'exprimer sur des personnalités qui ont été marquées par Paris et qui, en retour, ont marqué la capitale. Ce n'est plus une image qu'on vend, un auteur *bankable,* mais un concept culturel, confié à des gens qui ont quelque chose à dire et qui savent écrire ! Voilà ce que j'ai envie de mettre en avant !

— Dommage que tu n'aies pas été présente pour montrer ta verve au moment où c'était nécessaire ! Bon, ne revenons pas là-dessus… Quant à Annette Golding, tu sembles oublier que ce sont des gens comme elle qui permettent de payer ton salaire. S'il te pousse une conscience, engage-toi chez Greenpeace… Cela dit, la collection « Parissimo ! » a plu aux big boss. Ils pensent que c'est un risque commercial, mais ils ont été séduits par le côté authentique du projet. On a le OK…

À ces mots, je me sens pousser des ailes.

— Mais c'est génial ! Pourquoi tu n'as pas commencé par ça ?

— Parce qu'il y a un hic, en ce qui te concerne. J'ai pris la décision de nommer Sandrine directrice de collection.

J'arrête de respirer. Une bouffée de chaleur me remonte des pieds à la racine des cheveux, mais je me reprends à temps :

— Je... Sandrine est mon assistante. D'accord, elle s'est beaucoup investie dans le projet, mais c'est mon idée, mon concept ! Les contacts avec les premiers auteurs, c'est moi qui les ai établis !

— Je sais, mais Sandrine s'est montrée plus impliquée que tu ne l'as été ces derniers temps. C'est peut-être ton idée, mais elle s'est beaucoup investie, n'a pas boudé ses heures, et je ne peux pas en dire autant pour toi. De plus, c'est elle qui a trouvé le titre de la collection, Jobin et Marquis ont adoré.

Je suis tout simplement atterrée. Je ne trouve plus les mots pour exprimer mon dépit et ma déception. Sandrine, mon amie de toujours, m'a volé mon projet. Pas étonnant qu'elle n'ait pas osé me regarder dans les yeux. Je n'aurais jamais imaginé qu'elle puisse me trahir de cette façon. J'avais bien remarqué que, depuis qu'elle avait décroché le poste et qu'elle était sortie de sa dépression, elle mettait beaucoup de zèle à grimper les échelons. Elle n'avait pas caché son côté ambitieux. Jusque-là, j'avais trouvé ça plutôt sain, voire nécessaire dans une profession où il faut être compétitif, mais je n'aurais jamais cru qu'elle soit le genre de personne à donner des coups de coude pour passer en tête de course.

Je repense à tous ces jours où je me rendais chez elle le matin et essayais de la motiver à grand renfort de cafés et de croissants pour la traîner au yoga, quand ce n'était pas simplement pour la faire sortir de son lit. N'y a-t-il pas un dicton qui parle de « mordre la main qui vous a nourri » ? Je ne sais plus, je suis trop dévastée pour réfléchir correctement. La morsure est vive, en tout cas, et douloureuse.

Je sors du bureau sonnée comme un boxeur qui vient de se faire démolir sur le ring. C'est à peine si j'entends Marisa m'enjoindre de me reprendre « au plus vite », et même de prendre du « temps pour moi » si cela peut me permettre « de remonter la pente ». Je ferme la porte avant qu'elle n'ajoute « et de retrouver la niaque ».

Étonnamment, ce n'est pas à Marisa, qui a pris la décision et me l'a annoncée sans ménagement, que j'en veux. Je pourrais me convaincre que Sandrine n'avait pas le choix et qu'elle subit autant que moi l'injustice de la situation. Pourtant, quand je repense à ces derniers mois, je constate à quel point j'ai été naïve. Sandrine est devenue distante, et ça ne date pas de ce matin. Imperceptiblement, par petites touches, elle s'est éloignée. J'ai mis cela sur le compte de sa relation naissante avec Laurent. L'amour est égoïste, dans ces premiers mois où tout est idyllique entre deux êtres qui se sentent seuls au monde. On met les amis un peu de côté, c'est normal.

La semaine passée pourtant, alors que je courais vers une boutique du centre commercial à la pause de midi pour y acheter le petit haut rouge que j'avais repéré sur Internet, j'avais tiqué en la voyant attablée avec Marisa à la terrasse de la brasserie de la Place alors qu'elle m'avait dit avoir rendez-vous avec Laurent pour déjeuner. Je m'étais même demandé ce qu'elle faisait avec notre cheffe, qu'elle déteste. Lorsque je lui ai posé la question, Sandrine m'a raconté qu'elle avait bien rendez-vous avec son amoureux, mais qu'il avait annulé au dernier moment. Marisa l'avait aperçue et s'était approchée pour lui parler. Comme elle ne semblait pas vouloir s'en aller, Sandrine n'avait eu d'autre recours que de lui proposer de partager sa table. Je l'avais crue. Bien sûr que je l'avais crue, pourquoi aurais-je remis en question son histoire ? Soudain, tous ces petits détails, ces conversations murmurées qui s'arrêtaient à mon approche, ces cafés où l'on ne m'avait pas conviée, me reviennent en tête. Marisa a touché du doigt une vérité : ces derniers temps, je n'ai plus la tête au travail, plus à la réalité de mon travail en tout cas. Certes, je me suis investie dans la création de la nouvelle collection, mais j'ai négligé tout le reste, jusqu'à ne pas m'apercevoir que, dans mon dos, on créait de nouvelles alliances.

J'ai été occupée à deux chimères : mon rêve de devenir directrice de collection et les hommes que j'allais rencontrer. Je ne compte pas le nombre de fois où j'ai consulté mon application pendant le travail pour savoir combien de prétendants avaient aimé mon profil ou m'avaient envoyé un message. C'est vrai, j'ai perdu la niaque… Mon éviction de la collection ne s'est pas sûrement pas décidée ce matin, sur un coup de tête de Marisa. Elle se prépare depuis longtemps, avec la complicité de Sandrine. Je ne suis pas sûre que ma présence à la réunion de ce matin en aurait changé l'issue. Marisa et Sandrine ont dû bénir la providentielle panne d'ascenseur…

De retour à mon bureau, je me plante en face de Sandrine jusqu'à ce qu'elle lève enfin la tête. J'attends qu'elle s'explique, mais elle se contente de soutenir mon regard. Je suis obligée de parler pour interrompre une situation qui devient inconfortable, et les seuls mots qui sortent de ma bouche sont :

— Félicitations pour ta promotion.

Qu'est-ce que j'espère ? Que devant un ton que j'espère plus cynique que désespéré elle va fondre en larmes, s'excuser, regretter, me jurer son amitié indéfectible ? Me promettre de parler à Marisa pour réparer l'injustice ?

— Merci !

Elle a même l'audace de me sourire, un sourire de façade, qui ne monte pas jusqu'à ses yeux. Son regard est froid, déterminé, sans l'ombre d'un soupçon de culpabilité. Un regard de mise à mort, celle de notre amitié. Tout est dit. Je n'ai d'autre option pour rester digne que de rassembler mes affaires et de sortir au plus vite du bâtiment. Sitôt dehors, je m'effondre, et les pleurs retenus depuis le matin jaillissent enfin.

5

Après avoir essuyé mes larmes et m'être mouchée plusieurs fois, j'envisage de rentrer chez moi pour me changer, mais j'hésite. Je n'ai pas vraiment le cœur à la bagatelle et je ne crois pas que mon rancard avec Léo puisse me changer les idées — la journée ne m'a pas incitée à voir la vie en rose —, mais si je n'y vais pas je vais passer la soirée à broyer du noir devant une série en mangeant des sushis.

Le rendez-vous n'est qu'à 20 heures… Si je rentre chez moi, je vais céder à la tentation d'une comédie sentimentale sur Netflix pour oublier mes soucis, et je n'aurai pas le courage de ressortir. D'autre part, si je veux éviter d'arriver au rendez-vous chargée de colère et de ressentiment, j'ai tout intérêt à me changer les idées avant, et pour cela rien de tel qu'une balade le long des quais de la Seine. La marche, tout comme le yoga, présente l'avantage de chasser mes idées noires et d'arrêter la petite roue de hamster qui tourne sans répit dans ma tête. Je n'aurai pas le temps de me doucher et de me changer avant d'aller au restaurant, mais comme il n'y a aucune chance que je finisse dans le lit de Léo… Peu de rencontres aboutissent à un deuxième rendez-vous, et j'attends en général le troisième rancard, au moins, avant d'amener la relation au stade supérieur. Bien sûr, il y a eu des exceptions…

Chaussée de mes ballerines, je rejoins les quais, direction Notre-Dame. C'est un quartier que j'apprécie beaucoup malgré les touristes, ou à cause d'eux. J'aime m'asseoir sur un banc et les observer, imaginer leur vie, leur pays d'origine, leur histoire. Voyager sans quitter Paris…

Passer devant les bouquinistes des quais me rend nostalgique. Je retrouve un de mes vieux amis d'enfance, *Heidi,* de Joanna Spyri. Les pages sont jaunies par le temps. Une ancienne édition. Je constate avec amertume que les stands deviennent de moins en moins nombreux au fil des années. La plupart des box verts sont fermés. Les vieux livres, parfois introuvables ailleurs, étaient l'un des charmes de la ville, et ils disparaissent peu à peu. Dans dix, quinze ans, y en aura-t-il encore ? Et d'ailleurs, y aura-t-il encore des libraires ? Ou des éditeurs ? Avec le remplacement du papier par le numérique et l'accès facilité à l'autopublication, que deviendra mon métier ?

Perdue dans mes pensées, je ne remarque pas tout de suite l'atmosphère inhabituelle, un peu électrique, ces petits groupes de gens immobiles qui fixent le ciel au loin. C'est une exclamation qui m'alerte, quelqu'un pointe l'horizon du doigt. Je porte mon regard dans la direction indiquée et remarque une colonne de fumée qui s'élève de la cathédrale. Je m'arrête, interloquée. N'étant pas encore prête à m'autoriser une quelconque émotion, je me contente d'observer. Les gens continuent à former des petits groupes autour de moi, puis des attroupements de plus en plus grands, comme si la tragédie, à l'instar des grands triomphes, effaçait momentanément le sentiment d'individualisme pour rassembler les humains dans une communion éphémère. Certains s'exclament, d'autres lèvent leur portable pour filmer, avec déjà l'intuition qu'ils sont les témoins d'un événement qui marquera l'histoire de Paris. La fumée s'épaissit, les flammes apparaissent, rougeoyantes sur le bleu du ciel d'avril. Il n'y a plus aucun doute : Notre-Dame brûle. Les réactions autour de moi sont diverses. Certains lancent des « mon Dieu ! », comme pour Le prendre à témoin, d'autres pleurent.

L'émotion me rattrape. Je sens les larmes couler à nouveau sur mes joues. Je sais que ce n'est pas simplement pour ce symbole de ma ville et de son histoire qui part en fumée. Je ne peux pas m'empêcher de penser à la coïncidence entre l'effondrement subit de ma carrière et cet édifice inébranlable, qui pourtant s'ébranle. Déjà, la flèche semble ployer sous l'assaut des flammes. Ironie du sort, la photo de Notre-Dame devait figurer sur le premier « Parissimo ! » en hommage à son fameux bossu. Je comprends soudain que tout ce que l'on croit indestructible, toutes les certitudes finissent par vaciller. Rien ne dure, rien n'est éternel. Sur un laps de temps assez long, tout passe, tout casse, une carrière durement bâtie tout comme un édifice imposant et majestueux.

Mon téléphone m'envoie une notification sonore qui me sort subitement de ma stupeur. Je regarde l'écran : « T où ? Je t'attends au resto. » Léo. Je l'avais complètement oublié. Je réponds « Désolée. Je suis figée devant Notre-Dame. Quelle catastrophe ! J'arrive. » Le restaurant est à cinq minutes de chez moi, rue Clément, un de ces lieux de Paris comme un vide spatio-temporel, un endroit où tout bruit semble absorbé par un trou noir, une de ces rues paisibles où, soudain, l'agitation cesse, et ce en dépit de la présence de la soupe populaire, de la célèbre marque high-tech à la pomme, du leader du café en capsules et d'une enseigne japonaise de vêtements branchés. Une rue tout en contrastes !

6

Je gagne le restaurant en espérant que je pourrai me faufiler aux toilettes avant que Léo ne me voie avec le mascara étalé sur les joues. Heureusement, je l'aperçois à travers la vitre, assis à une table, concentré sur l'écran de son ordinateur portable. Il ne prête aucune attention à ce qui se passe autour de lui. J'en profite pour me glisser dans les toilettes, où je remets du déodorant et retouche mon maquillage. J'inspecte dans le miroir les premières pattes d'oie au coin de mes yeux brun-vert, en essayant de me convaincre qu'elles donnent du charme à mon sourire. Mes quelques cheveux blancs ne sont pas un problème, ils sont dissimulés sous les reflets auburn dont un coiffeur hors de prix pare ma chevelure tous les deux mois. Je remets du rouge sur mes lèvres ; sa brillance leur donne un aspect pulpeux. Je suis plutôt satisfaite de l'image que me renvoie la glace. Je ne sais pas comment je me percevrai dans dix ans, dans vingt ans, lorsque ma peau aura perdu de son élasticité et que les ridules seront devenues des rides profondément ancrées dans ma peau. J'espère qu'à ce moment-là j'aurai rencontré l'homme de ma vie, celui qui m'aimera pour ce que je suis, rides et rondeurs comprises. Pour le moment, les rondeurs en question sont bien placées, mais serai-je toujours désirable dans quelques années, toujours « appétissante », comme certains de mes amants m'ont décrite, ou bien les rondeurs délaisseront-elles mes fesses et mes seins pour se déposer autour de mon ventre, me dessinant une silhouette chaque jour moins féminine ? Encore une chose sur laquelle je n'ai guère de prise, si ce n'est en ne négligeant pas mes séances de yoga, contrairement à ce que j'ai fait trop souvent ces derniers temps. Après un dernier regard dans le miroir, je remonte, prête à faire la connaissance de Léo.

Mon cœur bat un peu plus vite, comme chaque fois qu'une nouvelle rencontre est sur le point de se matérialiser. Pourtant, nous nous sommes déjà vus par écrans interposés, après avoir échangé sur WhatsApp, d'abord par messages, puis par échanges vocaux. Nous ne serons surpris ni l'un ni l'autre par une apparence physique ou une voix qui ne correspondraient pas à ce que nous avons imaginé. Le frisson de la rencontre était plus intense à l'époque, quand on ignorait à quoi l'autre ressemblait. Pourtant, passer du virtuel au réel donne toujours une autre dimension à la découverte de l'autre. L'odeur d'un parfum au creux du cou, la sensation d'une main, parfois douce, parfois rugueuse, que l'on serre pour la première fois, une poigne virile ou nonchalante, sèche ou moite de stress, l'inflexion d'un sourcil ou la malice d'un regard que l'écran n'avait pas permis de discerner…

Léo a un beau sourire. Il est brun. Un mètre soixante-quinze, peut-être. Il me dépasse d'une quinzaine de centimètres. Plutôt trapu, mais pas gros ; il s'entretient. Cela, je le savais déjà. « Adepte du footing quotidien », indique son profil. Le premier contact se passe bien. Il a de l'humour et sait me mettre à l'aise. Je consulte la carte en hésitant. Il est amateur de bonne chère, cette précision est également dans son profil, et nous avons parlé *via* WhatsApp de nos restaurants parisiens préférés. Ce soir, Léo a élu ce bistrot, qu'il veut me faire découvrir. J'hésite. Si je prends une des salades proposées, il pourrait penser que je ne suis pas une bonne vivante. Si je choisis le burger avec les frites, il risque de se concentrer sur mes bourrelets. Je me déteste pour ce côté Bridget Jones, un peu superficiel. Comme j'aimerais m'en moquer, me détacher une bonne fois pour toutes de l'image que je renvoie aux autres, me dire qu'ils n'ont qu'à m'accepter comme je suis. Il commande le burger-frites, j'opte pour la salade. Il me propose un petit bordeaux bien charpenté, j'acquiesce. Je n'y connais pas grand-chose en vins. Au verre ou à la bouteille ? J'hésite à nouveau. Je ne veux passer ni pour une petite nature ni pour une alcoolique. Encore ce fichu souci d'image. Il décide pour moi, commande la bouteille. J'espère ne pas finir saoule.

La soirée se déroule très bien, au-delà de mes espérances, même si la salade est surtout composée d'une montagne de verdure habilement dissimulée sous quelques ingrédients à peine plus appétissants. Franchement pas terrible… J'en laisse la moitié. Il plaisante, je ris. Je bois, plus que de raison. Pour profiter de l'instant, oublier les déceptions du jour, la cathédrale en flammes. Évidemment, le sujet vient sur le tapis. Il travaille vers la Défense, n'a rien vu. Il change assez vite de sujet. Manque d'intérêt ou volonté de nous changer les idées ? Il me raconte des anecdotes drôles et je m'esclaffe. J'oublie pour un moment cette journée exécrable. Ce moment harmonieux, créé par la communion éthylique, me fait du bien. La tête me tourne — le stress du matin, les chocs émotionnels de la journée, l'alcool —, mais boire me fait du bien. L'oubli en bouteille, un soulagement à court terme mais efficace…

La jambe de Léo vient m'effleurer et reste contre la mienne, ne se retire pas. À moins que ce ne soit le contraire, que j'aie été l'instigatrice de ce contact. Je ne sais pas et je m'en fiche. On parle de tout, de rien. De son boulot à lui, du mien. Je raconte, la diction légèrement entravée par le vin, la trahison de celle que je croyais être mon amie, en essayant de minimiser, de ne pas le saouler avec mes problèmes. Il fait preuve d'empathie. Cela me réconforte. Il est gentil. Il ne me connaît pas, mais il m'écoute. Et si ça pouvait marcher entre nous ? S'il pouvait être celui que j'aimerai demain, pour le reste de ma vie ? Je ne dois pas m'emballer. Je sais l'espoir, et je sais la déception qui suit l'espoir. Celle qui vient lorsque je me rends compte qu'il y a un lézard, un os, un cadavre dans le placard. Une femme qu'on n'avoue que tardivement, comme une arrière-pensée, après un « au fait ! » lancé avec désinvolture, ou une habitude de cocaïne, ou encore un fétichisme bizarre. J'ai connu les trois situations. Dans le dernier cas, l'homme, dont j'ai oublié le prénom, subtilisait mes sous-vêtements. Je ne m'en suis rendu compte qu'après un mois de rendez-vous bihebdomadaires, quand, cherchant un kleenex dans le tiroir de sa table de nuit pendant qu'il prenait une douche, je suis tombée sur deux de mes culottes en satin — que j'avais cherchées désespérément chez moi — au milieu d'autres sous-vêtements ne m'appartenant pas. Je les ai glissées dans mon sac et suis partie sans lui dire au revoir. Il ne m'a jamais rappelée. Sans doute a-t-il compris, en ouvrant son tiroir, que j'avais découvert son petit secret honteux.

Et celui-ci, ce Léo, quel est son vice inavouable ? Très vite, je m'en veux de ne pas lui accorder le bénéfice du doute. Pourquoi faut-il toujours que je sois négative et soupçonneuse ? Les dernières tables se vident et le personnel débarrasse, sans encore montrer signe d'impatience, mais cela ne va pas tarder. Il faut partir, décider rapidement de ce que sera le reste de la soirée : rentrer chez soi sagement ou rester encore un peu ensemble, trouver un bistrot, refaire le monde devant une bouteille.

Il tranche, me propose de venir chez lui pour un dernier verre, il habite à deux pas. Je sais que je ne devrais pas, que je risque même de le regretter, mais j'accepte. Tout plutôt que de me retrouver seule, dans mon appartement, à ressasser ma journée. Je me lève et vacille un peu, il me soutient pour m'empêcher de tomber. Je suis ivre.

7

L'appartement de Léo est presque en face. Je comprends à présent le choix du bistrot, qui n'avait rien à voir avec ses qualités gastronomiques. Pendant qu'il s'affaire dans la cuisine pour nous servir deux verres, je parcours, par déformation professionnelle, les rayons de la bibliothèque de son salon. Dis-moi ce que tu lis, je te dirai qui tu es… Peu de romans, surtout des livres de développement personnel sur la réussite en entreprise : *le Manager minute, Comment développer son leadership, Qui a piqué mon fromage ?…* Les quelques livres de fiction présents sont des Tom Clancy et des John Grisham. Sur les étagères, devant les livres, quelques trophées, sportifs ou professionnels, et des photos encadrées : Léo devant des rapides, Léo à côté d'un kayak, Léo entre deux jeunes femmes séduisantes, Léo au milieu d'un groupe mixte, au tout premier plan, un ballon rond entre les mains.

Il arrive derrière moi avec deux verres de whisky. Après m'avoir donné le mien, il glisse son bras dans mon dos. Je ne résiste pas et savoure ce rapprochement de nos corps. Il chuchote près de mon oreille :

— Ce sont les gars que je manage au travail. On a une équipe de basket, rien de tel pour l'esprit de cohésion. Parfois, on organise des week-ends de *team building,* on fait du kayak, de la grimpe. On apprend à se faire confiance. En cas de pépin, on doit pouvoir compter les uns sur les autres.

Je sens à son enthousiasme que sa carrière le passionne, qu'elle est le centre de sa vie. J'en ai déjà rencontré quelques-uns, comme lui. Le jour où ils se retrouvent au chômage, tout s'écroule. Ils ne comprennent pas ce qui leur tombe dessus, ils perdent confiance, prennent du poids, ne sont plus que l'ombre d'eux-mêmes.

— Tu n'es pas arrivé à rencontrer quelqu'un dans le cadre de ton boulot ? Il me semble qu'il y a quelques jeunes femmes plutôt attirantes, dis-je en pointant la photo sur fond de rapides.

— *You don't shit where you eat*[1] !

— Pardon ?

— C'est dans les *Sopranos,* la série sur un chef mafieux angoissé du New Jersey, joué par James Gandolfini. Mon héros… La phrase veut dire qu'on

1. « On ne chie pas là où on mange. »

ne couche pas avec une collègue. Jamais ! C'est une règle, chez moi. Ça fout le bordel dans l'équipe, ce n'est pas professionnel.

— Oui, mais si tu tombes amoureux ? Tu te priverais d'une belle histoire parce que la femme qui t'attire travaille avec toi ? C'est dommage, non ?

— L'amour ? Une construction inventée par les troubadours du Moyen Âge ! C'est juste une histoire de phéromones, tout ça, de la chimie… une alchimie, même, si tu veux. Le reste, comme on dit, n'est que littérature.

Il accompagne sa dernière phrase d'un geste désignant sa bibliothèque, comme si elle offrait non pas des romans d'espionnage à succès dans lesquels on serait bien en peine de trouver l'expression d'un sentiment amoureux, mais *Tristan et Yseult,* l'intégrale de la poésie de Christine de Pizan et autres récits de la fin'amor médiévale. Léo est un étrange mélange de culture classique, de clichés et de pop culture, sans doute un pur produit de son temps et d'Internet. Un résultat pas inintéressant.

Sa conception de l'amour est si peu romantique que je ne me fais aucune illusion quant à un éventuel avenir avec lui. Pourtant, quelque chose m'attire dans son côté cash, sans fard. Il ne triche pas. Il n'essaie pas de me manipuler pour arriver à ses fins, qui sont limpides : m'attirer dans son lit. Je trouve cela rafraîchissant, d'une certaine façon. Bien sûr, ce n'est pas ce que j'attendais, mais on verra demain pour la déception. Ce soir, j'ai besoin de réconfort, même factice et éphémère. Et puis, il est plutôt attirant et il sent bon. *Pour un homme,* de Caron. Après l'oubli dans l'alcool, m'abandonner au contact d'une autre peau est une perspective parfaitement attrayante.

Lorsqu'il me prend le verre des mains et m'embrasse, je me laisse faire. La caresse de ses lèvres, le bout de sa langue qui cherche la mienne dans un rapprochement intime, c'est agréable. Je ferme les yeux. Je désire que ses mains parcourent mon corps. Comme s'il répondait à ce souhait non exprimé, il défait un à un les boutons de ma robe. Lorsqu'il m'entraîne dans sa chambre, je n'offre pas la moindre résistance. Un grand lit, une armoire, une commode et une télé fixée au mur… Tout est fonctionnel, impersonnel, une vraie chambre de célibataire qui passe là un minimum de temps ! Je n'aime pas les écrans dans une chambre. Il n'y en a pas dans la mienne, je préfère tromper l'insomnie par des lectures. Au moment où je me dis que je n'ai pas à juger, il se saisit de la télécommande posée sur la table de nuit et allume la télévision.

Les images de la cathédrale en flammes, qui m'ont hantée toute la soirée, s'imposent à mes yeux. Qu'est-ce qui lui prend ? Une subite soif d'information sur le drame de la journée ? Le sujet ne semblait pas l'affecter outre mesure, tout à l'heure ! Maintenant non plus, manifestement, car il zappe avant de s'arrêter sur la Six. Je reconnais l'émission : *Maison à vendre.* Il monte le son. Stéphane Plaza est en train d'expliquer à un couple pourquoi leurs meubles kitsch et encombrants risquent de faire obstacle à la vente de leur maison.

— Qu'est-ce que tu fais ?

— Je mets un fond sonore. C'est pour les voisins. Les murs sont fins. Ils pourraient entendre nos hurlements de plaisir.

En disant cela, il me renverse sur le lit et se jette sur moi, cherchant ma bouche, qui n'a pourtant pas fini d'exprimer sa surprise, à défaut de son indignation :

— Mais… tu ne penses pas que ça va nous empêcher de nous concentrer sur… sur…

— Fais abstraction !

Mon désir retombe comme un soufflé trop tôt sorti du four. L'effet est immédiat, sans appel. D'abord, je ne vois absolument pas comment je pourrais faire l'amour sur fond de Stéphane Plaza, même si le garçon est charmant et drôle, et ensuite je trouve Léo un poil présomptueux de penser qu'il va me faire hurler de plaisir pour notre première fois. Je me sens complètement dégrisée. J'ai avalé tellement de couleuvres ces dernières années ! J'ai même accepté, alors que je n'en avais pas du tout envie, de me faire épiler intégralement le maillot pour répondre au caprice d'un homme, qui ne m'a jamais rappelée. Cette maudite compulsion de vouloir plaire à tout prix, parce que c'est peut-être le bon, cette fois, on ne sait jamais… Et puis, il est plus facile d'être celle que l'autre attend plutôt que celle que je suis réellement, histoire d'éviter les conflits, les discussions déplaisantes. Je suis capable d'aller loin pour éviter le conflit, si loin que mes actes viennent parfois au détriment de mes principes, et que j'explose les limites que je me suis fixées.

Ce soir pourtant, après ma journée harassante au bureau et l'incendie de Notre-Dame, qui ne semble toujours pas maîtrisé, la présence *via* la télé de Stéphane Plaza dans la chambre est la goutte d'eau qui fait déborder le vase. Je repousse Léo sans ménagement et me lève d'un bond.

— Qu'est-ce qui t'arrive ?

— J'ai changé d'avis, je rentre chez moi.

— Mais… je ne comprends pas… J'ai fait quelque chose de travers ?

Je soupire. Comment expliquer à quelqu'un qui ne le comprend pas spontanément que mettre Stéphane Plaza en fond sonore au moment d'accueillir une femme dans son lit n'est pas une bonne idée ? Je décide de renoncer à toute explication et me contente de chercher mes chaussures.

— Je suis juste fatiguée. J'ai eu une mauvaise journée. Ne m'en veux pas.

Comprenant qu'il ne me mettra pas dans son lit, Léo me jette du bout des lèvres :

— Je ne te raccompagne pas. Tu sais où est la sortie.

Tout en élégance… Alors que j'attrape la poignée de la porte pour sortir, je me retourne, prise d'une inspiration subite :

— *I'm gonna stop and smell the roses*[1].

— Hein ?

— Ça aussi, c'est dans les *Sopranos.* Un autre bon conseil, si tu veux mon avis.

Quand je quitte son appartement, j'ai le sourire aux lèvres : pour une fois, j'ai eu le sens de la repartie, j'ai eu le dernier mot. M'arrêter et sentir les roses. C'est exactement ce que je compte faire à l'avenir. Mettre sur pause la routine métro-boulot-dodo et apprendre à profiter vraiment de la vie.

1. « Je vais m'arrêter et aller sentir les roses. »

8

Tandis que je marche le long des quais, les flammes continuent à s'élever au loin. Il y a beaucoup plus de monde que d'habitude dans les rues, les gens semblent assister à un spectacle, terrible et gratuit. Il n'est pas loin de minuit, la température est fraîche. Je resserre mon manteau contre moi et poursuis mon chemin. Quel fiasco ! Je songe au temps perdu, à toutes ces rencontres vaines, toutes ces soirées passées avec des inconnus dans l'espoir qu'un jour l'un d'entre eux sera différent des autres. Je ne demande pas le prince charmant, je ne crois plus aux contes de fées depuis longtemps, mais au moins quelqu'un qui soit prêt à m'offrir quelque chose d'authentique, de vrai. Quelqu'un qui ne mente pas, ne triche pas, qui soit ouvert à la possibilité de partager les plaisirs de la vie, à être présent, avec moi, dans le moment. Je ne souhaite pas qu'on me passe la bague au doigt ou qu'on me fasse des enfants, j'aimerais juste partager avec un homme, si possible toujours le même, le plaisir d'un bon repas, une balade, un week-end d'escapade, l'intimité… Ça ne paraît pourtant pas très compliqué ! Et pourtant… La plupart des hommes avec qui j'entre en contact *via* ces applications sont seulement intéressés par le sexe et ont peur de s'impliquer, de perdre leur précieuse liberté.

Avec ces applications de rencontres, tout est supposé être devenu plus simple. Au lieu de se cantonner aux gens que l'on rencontrait avant dans les bars, en boîte de nuit, au travail, on se retrouve connecté à tous les célibataires de la ville qui ont mis leur profil en ligne. D'un glissement du doigt sur l'écran du téléphone, on fait défiler les profils et on prend une décision rapide sur la base d'une photo et de quelques lignes de description : « Oui, tu m'intéresses, faisons connaissance », « Non, je passe mon chemin »… C'est grisant, tous ces possibles au creux de la main, disponibles en un clic. Pourtant, depuis qu'ils sont connectés, les gens n'ont jamais été aussi seuls.

Tout d'un coup, je me sens lasse de tout ça. De cette règle du jeu qui veut qu'on juge une personne sur une photo vieille de dix ans et quelques mots soigneusement étudiés pour séduire. On ne dit pas la vérité, on se vend. On ne lit jamais « Bonjour, je m'appelle André, je souffre d'halitose » ou « Salut, moi, c'est Baptiste, je suis arrogant et de mauvaise foi ». On promet du rêve, et la réalité dégrise rapidement.

Qu'est devenue la spontanéité, le charme de la rencontre, du regard d'un inconnu croisé lors d'un concert de rock, au milieu de la foule ? Où est le collègue de travail que l'on s'arrange pour croiser « par hasard » devant la machine à café ? J'ai pourtant connu ces deux situations. L'inconnu du concert de rock, c'était mon premier grand amour, Stéphane, rencontré pendant mes études. Coldplay à Bercy, 2005. Pendant la chanson *Trouble,* on n'avait pas arrêté de se lancer des regards. Après le concert, il m'avait tout naturellement proposé d'aller boire un verre. On a vécu une belle histoire de deux ans, qui a pris fin à cause de la distance. J'étudiais à Paris, et lui vivait en Suisse, à Genève. Quant à mon collègue de travail, Julien, il était marié. Nous avons eu une relation passionnée pendant quatre ans. Il me disait être malheureux en ménage, il allait quitter sa femme, mais attendait que ses enfants soient majeurs. Il était plus âgé que moi. Quarante-cinq ans, quand j'allais sur mes trente. En effet, il a fini par quitter sa femme… et moi par la même occasion, pour Inès, une brune piquante de vingt-cinq ans, rencontrée lors de vacances à Madrid, ces mêmes vacances où il devait annoncer à sa femme qu'il la quittait pour moi. Une fêlure de plus dans mon cœur. Malgré cette histoire, dont j'ai souffert longtemps, je n'ai pas totalement perdu la foi, l'espoir qu'un jour…

Le bip de mon téléphone portable m'annonce un message. Machinalement, je regarde l'écran : « Salut, c'est Jean-Do, j'ai flashé sur ton profil. On fait connaissance ? » La nausée me saisit. Trop d'alcool, trop de « prétendants » qui ne cherchent qu'à me mettre dans leur lit avant de revenir au confort de leur petite vie douillette, quand ce n'est pas à leur femme. Ils sont tous interchangeables, finalement, sur ces applications. Les hommes, les femmes… Un commerce de chair et de sexe. Je me penche un moment au-dessus de la rambarde du quai, certaine que je vais vomir. Quelques grandes inspirations me font du bien. Je ne sais pas d'où me viennent toutes ces idées noires, ce cynisme qui ne me ressemble pas.

Ce matin encore, j'avais une meilleure amie, la perspective d'une promotion dans mon travail, celle d'un rendez-vous avec un homme charmant. Ce soir, je n'ai plus que la vision de Notre-Dame qui part en fumée, le dégoût de tout et la perspective d'une belle gueule de bois.

Jean-Do, tu peux aller te faire voir ! Je ne lui réponds rien de tel, bien sûr, je ne répondrai rien, je ne répondrai plus. Je supprime de mon téléphone l'application de rencontres. « La suppression de cette app entraînera aussi celle de ses données », me prévient l'interface. Je m'en fous ! Ou plutôt : tant mieux ! Je presse la touche de confirmation. Je me sens mieux soudain, plus légère. Je continue à marcher d'un pas vif pour dissiper les effets de l'alcool. Mon esprit est plus clair, une nouvelle résolution l'habite.

9

16 avril

— Marisa, je peux te voir cinq minutes ?

— C'est à quel sujet ?

— Je préfère t'en parler en privé.

Sandrine, en face de moi, lève la tête, curieuse. Je ne lui accorde aucune attention.

— Passe dans mon bureau à 10 h 45. Tu devras être brève, j'ai un rendez-vous à 11 heures.

— Ça ne prendra pas plus de dix minutes.

— Très bien.

Je sens que Sandrine brûle de me poser des questions, mais elle n'en fera rien. Elle a fait le choix de la carrière sur l'amitié, elle ira jusqu'au bout. Je finis de relire un manuscrit, truffé de fautes d'orthographe. Une très jeune auteure prometteuse de la génération Z, celle qui a été élevée devant des écrans d'ordinateur, de tablette ou de téléphone. Sa vision du monde est intéressante, il y a dans son récit une recherche d'authenticité, de contact avec la nature que son statut de citadine née dans les années 2000 ne lui a pas donné. Un récit post-apocalyptique et écologique poignant comme un cri. Une sorte de Greta Thunberg de l'écriture. Sans aucune notion de l'orthographe et de la grammaire, mais avec un bon lectorat potentiel si l'on en croit le nombre d'abonnés à sa chaîne YouTube.

À 10 h 45 pile, je me lève et me dirige vers le bureau de Marisa. Dans la poche intérieure de ma veste, une lettre que j'y ai glissée pendant que Sandrine s'est absentée pour aller aux toilettes. Elle sera bientôt au courant, comme tout le monde, mais je n'ai pas envie qu'elle devine avant que j'en informe ma supérieure. Pour une fois, Marisa n'est pas occupée. Ou plutôt si, elle s'applique à manger un croissant en prenant garde de positionner son menton juste au-dessus de sa tasse de café pour y faire tomber les miettes. Comme je reste plantée là sans rien dire, la tête vide d'un discours que j'ai pourtant répété vingt fois dans ma tête, elle avale une bouchée et me jette :

— Tu as réfléchi à ce dont je te parlais hier ? Ton implication par rapport au travail ?

C'est la perche que j'attendais. Ne pas bafouiller, à présent, ne pas hésiter, ne pas ouvrir de brèche où mon interlocutrice pourrait s'engouffrer.

— Oui, j'ai réfléchi, et j'ai pris une décision : je démissionne.

Sur ces mots, je sors l'enveloppe de ma poche et la lui tends. Ne pas trembler. Me montrer sûre de moi, droite dans mes bottes. Elle observe la lettre comme un objet insolite, puis me regarde. Elle ne fait aucun geste pour l'attraper, alors je la pose sur le bureau devant elle et je m'assieds. J'ai les jambes en coton. Si je reste debout une minute de plus, je vais m'écrouler.

— Je vois… Écoute, je conçois que la décision d'hier t'a affectée, mais de là à donner ta démission, comme ça, sur un coup de tête… Je te conseille de bien réfléchir. Tu connais le marché du travail aussi bien que moi. Tu as pensé à ce que tu allais faire ensuite ? Tu sais la chance qu'on a de bosser dans une maison comme la nôtre ?

L'intimidation. Si tu pars, tu risques de te retrouver au chômage, de finir sous les ponts. Je m'y attendais. Je ne bronche pas.

— Ce que je te propose, c'est qu'on déchire cette lettre et qu'on n'en parle plus. Jobin et Marquis n'en sauront rien. Tu prends deux ou trois jours, tu te reposes et tu nous reviens en forme, qu'en penses-tu ?

La négociation. Elle est forte, Marisa. Une manipulatrice hors pair. On oublie tout, on efface tout, on te pardonne ce moment d'égarement. Ne pas céder. Rester droite dans mes bottes… même si je suis assise à présent, et que je porte des derbys vernis.

— Ma décision est prise, Marisa. Tu m'avais demandé de réfléchir, je l'ai fait, et cette lettre est l'aboutissement de ma réflexion. Je pars. Je vous remercie tous pour l'opportunité que vous m'avez donnée de travailler ici. J'ai beaucoup appris. Mais il est temps pour moi d'explorer d'autres possibilités.

Je débite sans respirer un discours convenu, appris, répété. Marisa me laisse terminer et enchaîne :

— Et tu penses avoir pris une décision en une soirée ? Tu ne crois pas que c'est un peu impulsif ? Tu te rends compte que tu nous mets dans la panade, que ce n'est pas le moment ? Entre la nouvelle collection et le reste… Le concours de l'été, la préparation de la rentrée littéraire…

On y est… Chantage et culpabilisation. Si je la laisse continuer, elle va me rappeler qu'on est une équipe et que je les laisse tomber au moment le moins opportun. Comme s'il y avait un moment opportun pour partir. Comme si un employeur avait déjà dit à un employé : « Mais quelle considération pour nous, Dupont ! Vous partez pile au bon moment, merci ! » Je ne la laisse pas poursuivre.

— Une décision se prend toujours en un instant, et je n'ai pas attendu que tu me demandes de réfléchir. Cela fait un moment que j'y pense. Ton choix d'hier n'est qu'une preuve de plus que je ne suis pas indispensable. Je pense que la nouvelle collection est entre de bonnes mains.

Marisa a joué toutes les cordes de l'arc émotionnel. Elle sent qu'elle n'a aucune prise.

— Bien, puisque c'est ta décision, je n'ai plus qu'à la respecter. Je compte sur toi pour mettre tes dossiers à jour d'ici à ton départ.

Je sors de la pièce, tremblante. Avant que mes nerfs ne lâchent complètement, je prends l'ascenseur et fonce dehors, sur la place d'Italie. J'emplis mes poumons de grandes bouffées d'oxygène. Je me sens revivre.

J'ai eu une révélation hier soir, entre le moment où j'ai effacé l'application de rencontres de mon téléphone et celui où je suis arrivée chez moi. Si tout est éphémère, si rien ne dure, je ne dois plus accepter ce qui me détruit de l'intérieur. Mes angoisses, mes insomnies liées au travail, j'ai le choix de ne plus les porter. J'ai un peu d'argent de côté, malgré mes habitudes dépensières, mes nombreux sacs, chaussures et vêtements. Je n'ai pas quitté Paris depuis des années, pas voyagé. Je ne possède pas de voiture. C'est l'avantage de ne pas avoir de loisirs. On économise un peu pour le jour où… Pour ce jour hypothétique où l'on aura du temps, où les choses se tasseront. Le jour où l'on pourra prendre de vraies vacances, celui où il sera opportun de donner sa démission. Sauf que ce jour ne vient jamais, à moins qu'on ne sache le saisir. Ce jour, c'est aujourd'hui, c'est maintenant. La vie n'attend pas…

Je ne sais pas de quoi sera fait demain, mais qui aurait pu prévoir hier matin que Notre-Dame brûlerait le soir même ? Qui a prise sur l'avenir ? Qui contrôle les destinées ? Celui qu'on nomme Dieu, que certains invoquent et qui, s'Il existe, a pourtant permis qu'un édifice à sa gloire parte en flammes ?

La seule chose qui est sous mon contrôle désormais, c'est de dire non à ce travail que je n'aime plus, qui ne me procure plus l'enthousiasme du début, de dire non à une supérieure qui ne me respecte pas, non à une collègue que je pensais mon amie et qui me donne un coup de poignard dans le dos, non à des auteurs que je n'ai plus envie de caresser dans le sens du poil parce qu'ils sont *bankable* et qu'ils ont des followers sur Instagram. Non, non, non ! Pas pour le plaisir de dire non comme une enfant capricieuse, mais pour celui de dire oui à autre chose, d'encore indéfini mais que je pressens, une vague image qui se dessine dans ma tête, un bruissement de cigales et une odeur de garrigue, le sable chaud sous mes pieds et du bleu à perte de vue, ciel et mer confondus. Une bouffée d'enfance et de nostalgie me saisit d'un coup, au moment où s'engouffre sous ma veste la bise d'avril.

Adieu les petits matins gris, le rush permanent, la foule, le métro bondé… Adieu toutes ces soirées hivernales passées à lire sous une lampe de luminothérapie pour compenser l'absence de soleil, pour éviter la dépression saisonnière. Rien ne me retient plus, à présent, absolument rien.

10

15 juin

Mes deux grosses valises à mes pieds, je suis installée à la terrasse de mon café parisien préféré, *Le Hibou.* Sa déco sombre, mélange de modernité et de dix-neuvième siècle avec une touche de gothique, m'a séduite la première fois que je l'ai découverte. Pourtant, ce que je préfère, c'est la vaste terrasse qui donne sur le carrefour de l'Odéon, pourvue de salamandres pour réchauffer le client en hiver. Tout est noir : les chaises, les tables et même les parasols, ce qui donne à l'endroit un air à la fois élégant et mystérieux. Tony, mon serveur préféré, m'apporte, sans que j'aie eu besoin de passer commande, un café, deux œufs à la coque et les mouillettes de mon petit déjeuner.

— Alors, c'est le grand départ ?

— Oui, on dirait bien…

— Des regrets ?

— Des appréhensions, on va dire.

— Tu sais que tu peux toujours revenir si la capitale te manque trop… Ou si moi je te manque trop, ajoute-t-il avec un petit sourire charmeur.

Je rigole. Tony et moi, c'est une relation sans ambiguïté. Je l'ai vu plusieurs fois quitter son service et grimper à l'arrière de la moto de Sam, son petit ami. Ils forment un très beau couple. Ce flirt innocent que nous entretenons, lui et moi, depuis quelques années, est un des petits bonheurs presque quotidiens dont la prochaine absence me procure déjà un pincement au cœur.

— Oui, tu vas me manquer, Tony. Le jour où j'aurai trouvé un logement, tu viendras passer un week-end au bord de la mer avec Sam.

— Alors là, tu peux compter sur nous. Pourquoi tu n'ouvrirais pas une de ces maisons d'hôtes avec piscine ? Ça peut être une bonne idée pour te recycler professionnellement.

— Disons qu'il faudrait d'abord avoir les fonds pour investir dans la maison idéale !

— Oui, c'est sûr. En tout cas, je te souhaite une belle vie dans le Sud. Tu le mérites.

Je me lève et nous nous serrons dans une accolade chaleureuse. Tony va me manquer, comme va me manquer cet endroit où je venais boire mon café certains matins avant de me rendre au boulot, les gens que j'aimais observer, prenant comme moi des forces avant de commencer la journée. J'ai déjà, avant même d'être partie, la nostalgie de ce Paris qu'il est pourtant nécessaire que je fuie.

Deuxième partie : le Sud

1

Par la fenêtre du train qui quitte Paris depuis la gare de Lyon, je contemple la ligne des HLM de banlieue, bientôt remplacée par un plat pays émaillé de quelques fermes ou maisons. J'ai très peu voyagé, mais toujours profité des rares fois où je quittais la capitale pour me plonger dans un exemplaire de ma pile de manuscrits en attente de lecture. Libre à présent de lire ce que je veux, je suis pourtant incapable de me concentrer sur *l'Art de l'essentiel,* de Dominique Loreau, que j'ai acheté sur une impulsion, attirée par cette couverture simple, une fleur de cerisier sur fond blanc. Il me semble pourtant en résonance avec ma vie de ces derniers mois. Le sous-titre précise : *jeter l'inutile et le superflu pour faire de l'espace en soi.*

L'espace en soi… Ce concept me parle. Avec mes idées noires et autres questionnements sur l'avenir qui tournent en boucle dans ma tête, faire de l'espace en moi est exactement ce dont j'ai besoin. Cependant, il est plus facile de jeter objets et bibelots inutiles que de balayer les scories de l'esprit. Je n'ai justement pas assez d'espace en moi pour me concentrer sur les pages du livre que je tiens entre mes mains.

Lorsque j'avais commencé à faire le tri de mes affaires dans mon appartement de la rue de Tournon en vue de mon départ, j'avais pris conscience que je possédais beaucoup plus de biens matériels que je ne l'aurais cru. Je n'avais souhaité garder de cette vie que ce qui allait m'être utile dans la prochaine. Louer un garde-meuble, qui me coûterait vite plus cher que l'ensemble de mon mobilier Ikea, m'avait paru une aberration. Pour me donner du cœur à l'ouvrage, j'avais regardé sur Netflix l'émission de Marie Kondo, dont tout le monde parlait. La jeune Japonaise intervient dans des familles au bord de la crise de nerfs, car croulant sous la paperasse, les vêtements, les bibelots, entre autres choses, pour remettre un peu d'ordre dans leur vie. Sceptique quant au fait que se débarrasser de quelques affaires était la solution à tous les problèmes, j'avais quand même pêché deux ou trois astuces utiles. Sa méthode « révolutionnaire » pour plier les vêtements, dont je ne vois pas l'intérêt au quotidien, s'était révélée bien utile pour gagner de la place dans mes valises.

Dans un désir de recommencer à zéro, j'avais voulu faire table rase du passé, et j'avais commencé par mon dressing. En considérant l'ensemble de mes robes, de mes jupes, de mes chemisiers, de mes chaussures et de mes sacs, j'avais eu une révélation : je possédais beaucoup trop de vêtements. Chaque matin, avant d'aller travailler, je passais vingt bonnes minutes à choisir ma tenue. Aussi paradoxal que cela puisse paraître, cet excès de possibilités était anxiogène. L'expression « embarras du choix » avait soudain pris tout son sens pour moi. Les robes de cette célèbre marque espagnole, par exemple, aux imprimés si distinctifs, je les avais adorées jusqu'au moment où tout le monde s'était mis à en porter. Le jour où j'en avais eu assez de croiser des clones dans toutes les rues de Paris, j'avais cessé de les mettre. Elles étaient pourtant toujours dans mon armoire. Je les avais pliées et rangées dans des sacs destinés à l'Armée du Salut, avec d'autres tenues que je n'avais pas sorties du placard depuis des années. J'avais conservé une ou deux petites robes noires élégantes, parce qu'il y aura toujours des occasions dans la vie où il faudra « bien présenter », comme des funérailles ou un rendez-vous à la banque. Pour le reste, quelques jeans et des robes légères feront l'affaire là où je vais. En triant, j'avais été prise d'une espèce d'ivresse à l'idée de me délester de tous ces vêtements qui me rappelaient à quel point j'avais fait des efforts pour paraître, pour me donner une légitimité ou de l'assurance, à la fois dans ma carrière et lors de mes rencontres amoureuses.

Encore heureux que je n'aie jamais eu à mettre un tailleur pour aller bosser, comme dans certaines compagnies. Les personnes qui tiennent une position importante dans une entreprise sont appelées *suits* en anglais, « costumes », ce qui a une connotation légèrement méprisante. *He's just a suit,* « c'est juste un costume »... ou comment résumer la complexité d'un être humain à son deux-pièces *made in Italy.* Le vêtement finit par nous définir alors qu'il ne devrait être qu'une commodité.

Sur les étagères en haut de mon dressing, j'avais dénombré pas moins de trente-deux sacs. J'avais pris en photo les plus chics pour les mettre aux enchères sur Vinted, et, avec l'argent gagné — l'un d'eux était un modèle collector, on m'en a proposé 200 euros —, j'avais investi dans une deuxième valise, qui allait m'être indispensable pour trimballer dans le Midi ce qui restait de mon existence. Les autres sacs, les invendables, avaient rejoint les vêtements sur l'une des piles à destination d'une œuvre de charité.

Mes meubles avaient été repris par un ami de Tony, qui s'était installé dans la région parisienne et n'avait pas les moyens d'investir dans du mobilier neuf. Le reste, comme la télé ou le vase de Murano que m'avait offert Sandrine, et qui me rappelait chaque jour sa trahison, avait rapidement trouvé preneur sur Le Bon Coin.

Si, au départ, j'avais eu quelques sueurs froides à l'idée de me séparer d'objets qui m'avaient, pour chacun, coûté une bonne partie d'un mois de salaire, la sensation de pesanteur s'était dissipée à mesure que je me délestais. Je me sentais de plus en plus légère, libre, comme si les entraves qui me retenaient encore à Paris et à la maison d'édition que j'allais quitter s'étaient progressivement dénouées. La sensation avait été grisante, mais aussi effrayante. J'avais eu l'impression, en éliminant un à un les codes de mon ancienne vie, de me jeter sans filet, tête la première, dans un futur où tout était incertain, indéfini.

Lorsque, pas plus tard qu'hier, j'ai fait pour la dernière fois le tour de mon appartement vidé et nettoyé, prêt à remettre au prochain locataire, j'ai soudain compris qu'il n'y avait pas de retour en arrière possible. Le cœur serré, j'ai tourné la clé dans la serrure et j'ai arpenté, sans doute pour la dernière fois avant bien longtemps, la rue de Tournon, en adressant, en passant devant chez lui, un bref salut de la tête à mon illustre voisin mort depuis longtemps, Gérard Philippe.

2

Je suis loin de l'allégresse ressentie ces derniers mois à la perspective de partir. En fait, plus le train s'éloigne de Paris et plus je doute du bien-fondé de ma décision. Je ne connais personne dans le Midi, à part ma mère, mon point de chute initial. Je n'ai plus eu de contact avec mes amis d'enfance à partir du moment où je suis venue étudier dans la capitale. Mon élan était alors le même que celui qui m'anime aujourd'hui : j'avais décidé de couper les ponts, comme je le fais maintenant. De tout laisser derrière moi. Il me vient à l'esprit que c'est peut-être un schéma récurrent chez moi. La différence, c'est que je me dirigeais vers un but bien défini la première fois : la Sorbonne. Un avenir plein de promesses. Aujourd'hui, j'ai à la fois l'impression de revenir en arrière et celle d'aller vers l'inconnu. Une drôle de sensation. Pourtant, on ne revient jamais vraiment en arrière, et je ne suis plus la même qu'il y a dix-sept ans.

Au fil du temps, j'ai retrouvé quelques-uns de mes amis d'enfance sur Facebook. Je ne communique presque jamais avec eux, si ce n'est pour leur souhaiter leur anniversaire quand une notification me signale que c'est le jour J. Je ne sais pas trop pourquoi je respecte cette convention, mais y réfléchir serait admettre que Zuckerberg dicte une partie de ma conduite.

De temps en temps, je tombe sur une publication au sujet de leurs enfants ou de leurs vacances en Bretagne ou aux Canaries. Je n'arrive pas à faire le rapprochement entre cette femme mince et bronzée des photos et la fillette boulotte avec qui je jouais à l'élastique dans la cour de récré. Cet homme chauve et bedonnant, fier père de quatre têtes blondes, n'a plus aucun rapport avec l'adolescent svelte et boutonneux avec qui j'ai échangé mon premier baiser sur la plage de Vendres. Qu'aurions-nous à nous dire aujourd'hui ? Nous n'avons pas évolué dans les mêmes milieux, et les anecdotes sur les poussées dentaires ou les chutes en trottinette ne m'intéressent pas beaucoup. Je ne sais même pas si je suis faite pour avoir un jour des enfants. Je me sens assez peu concernée par la fameuse horloge biologique. Me marier, avoir deux ou trois gosses, une maison avec un jardin, tout cela, c'est ce je suis censée attendre de l'existence. Je ne crois pas que je possède une once de ce qu'on appelle l'instinct maternel, cet instinct supposé s'emparer de toute femme normalement constituée à l'approche critique de la trentaine, ou de la quarantaine pour les plus rebelles.

Comme en écho à mes pensées, un enfant de cinq ou six ans, sur le siège derrière moi, chouine, puis hurle parce que c'est long, et « quand c'est qu'on arrive », et il veut aller à la *meeeeeer.* J'admire le flegme de sa mère, qui l'exhorte à la patience sans élever le ton.

Au moment où il commence à balancer des coups de pied dans mon dos, je me décide à rejoindre le wagon-restaurant pour y finir le voyage devant une tasse de café, à guetter l'apparition des paysages connus de mon enfance, la végétation sauvage et rare de la garrigue, les maisons ocre, jaunes ou blanches aux toits couverts de tuiles en génoise, tout en écoutant distraitement deux hommes d'affaires essayer de se convaincre mutuellement et sans succès de la supériorité d'un iPhone sur un Samsung, et réciproquement.

3

Je suis à présent dans le taxi qui me mène à mon point de chute — temporaire, je l'espère —, la maison de mon enfance, celle où vit depuis une quarantaine d'années ma mère, Anne-Lise. C'est ainsi que je l'appelle, par son prénom, depuis qu'elle a décrété, quand j'avais douze ans, que j'étais trop grande pour l'appeler maman. Depuis que je suis à Paris, nous entretenons des relations courtoises mais très distantes. Nos rapports n'ont jamais été faciles. J'admets qu'elle a eu la vie dure après le départ de mon père, peu avant ma naissance. Ce père, je ne l'ai pas connu et ne sais pas grand-chose de lui, si ce n'est qu'il avait un problème avec l'alcool. Anne-Lise n'aime pas en parler. Lorsque j'ai émis le désir de faire sa connaissance, juste après mon bac, elle m'a révélé qu'il était mort d'une cirrhose deux ans plus tôt. Je lui en ai énormément voulu de ne pas me l'avoir annoncé à ce moment-là, estimant que j'avais le droit de savoir. Je la tenais pour responsable du départ de mon père, vu son sale caractère. Et puis, n'était-ce pas elle qui l'avait tenu à l'écart de moi, son unique enfant ? C'est en tout cas ce que je pensais, peut-être injustement. Elle n'a jamais refait sa vie. Plus jeune, je pensais qu'aucun compagnon n'aurait pu la supporter, mais sans doute était-ce un choix de sa part.

C'est après cette dispute au sujet de mon père que j'ai décidé de m'inscrire en lettres à la Sorbonne, et donc de quitter Vendres. Anne-Lise aurait voulu que je fasse des études de droit ou de médecine. Des études littéraires ne me mèneraient à rien, disait-elle, juste à un boulot de crève-la-faim. J'aurais aimé l'entendre dire qu'elle était fière de moi, juste une fois. L'édition, ça ne lui parle pas : un monde surfait d'intellectuels prétentieux, à son avis. Rien de ce que j'accomplis n'est assez bien pour elle.

Mon goût pour la lecture, ce n'est pas à elle que je le dois. Je ne l'ai jamais vue avec autre chose entre les mains que des catalogues, des magazines de mode ou de potins mondains. Dans notre maison, il n'y avait pas de livres, si ce n'est quelques titres recommandés par *Sélection du Reader's Digest,* magazine auquel elle était abonnée. Sans doute l'est-elle toujours, d'ailleurs. J'ai grandi avec le *Club Dorothée* et ses mangas japonais.

C'est madame Calmin, qui gérait le CDI de mon collège, qui m'a mis entre les mains, à quatorze ans, le premier livre de ma vie. Je parle des livres de ma vie comme je parlerais des hommes de ma vie. Avec la même nostalgie et, j'imagine, les mêmes étoiles dans les yeux.

À l'époque, les cours de français me barbaient, et la vieille Frossart, ma prof de quatrième, ne savait que nous donner à lire des pièces de Molière, dont je trouvais les alexandrins pompeux, ou des pavés indigestes, comme *le Père Goriot,* de Balzac. Je ne comprenais pas l'intérêt de la lecture. Un jour de bavardage intempestif, madame Calmin m'a déposé un livre entre les mains, avec l'ordre de le lire et de lui en faire un compte rendu pour la semaine suivante. J'ai pris ça comme une punition, bien sûr… Lorsque j'ai posé mon regard sur la couverture, j'ai été étonnée — et un peu vexée — de découvrir trois enfants coiffés de chapeaux pointus, une fille et deux garçons, dont l'un était affublé de lunettes et tenait un hibou dans une cage.

— Un livre pour enfants ? Je ne suis plus une gosse…

— Lis-le ! De toute façon, tu n'as pas le choix, c'est ta punition pour bavardages répétés. On en reparlera !

J'ai glissé dans mon sac l'exemplaire de *Harry Potter à l'école des sorciers* en haussant les épaules, et j'avais déjà oublié sa présence au moment de quitter le CDI. C'est la veille du rendu de la punition, vers 20 heures, que je me suis aperçue que j'avais complètement oublié le pensum demandé par la bibliothécaire. J'ai commencé ma lecture à contrecœur et sans trop y croire. J'ai pourtant tourné les pages jusqu'à la dernière, et me suis endormie, cette nuit-là, à 4 h 30 du matin. Quelques heures plus tard, j'étais assise face au tableau noir, exténuée mais transformée par la découverte d'une passion qui ne devait plus jamais me quitter.

Malgré ce nouvel intérêt, qui m'aidait à supporter le quotidien, voire à le sublimer, grandir avec Anne-Lise n'avait pas été une sinécure. Je pourrais même dire que je me suis élevée toute seule. Ma mère travaillait à plein temps pour une enseigne de chaussures, et elle ne rentrait pas à midi pour préparer mon repas. Je mangeais à la cantine, où l'on nous servait des trucs infâmes, comme de la langue de bœuf aux câpres et des petits pois baignant dans leur jus. Depuis toute petite, j'effectuais à pied le trajet jusqu'au bus scolaire, ayant appris à me responsabiliser très tôt. Mes premières règles, je n'en ai pas parlé à Anne-Lise. À douze ans, j'ai préféré gérer la situation toute seule : me rendre au supermarché, peser le pour et le contre des tampons par rapport aux serviettes hygiéniques pendant une demi-heure, hésiter une demi-heure de plus devant les marques et les tailles, et enfin oser affronter la caissière et les autres clients de la file avec mon achat honteux. Mes premières déceptions amoureuses, j'en ai séché les larmes toute seule, dans l'intimité de ma chambre. Ma mère n'en a jamais rien su.

Depuis que je suis à Paris, nous échangeons quelques coups de fil, pour nos anniversaires respectifs ou pour Noël, mais nous ne nous sommes pas revues depuis plusieurs années. Anne-Lise ne quitte jamais la région de Béziers, elle n'aime pas voyager. Pour ma part, je prétextais toujours des impératifs de boulot, rentrée littéraire, Salon du livre, délais éditoriaux, pour ne pas descendre dans le Midi. Anne-Lise n'a jamais insisté. Il y a entre nous un statu quo, un accord non verbal qui gère les modalités de ce lien ténu mais pas totalement brisé. Aujourd'hui, je m'apprête à rompre le pacte et à débarquer chez elle… sans avoir annoncé ma présence. Je sais ce que je risque : qu'elle refuse de m'accueillir, qu'elle me claque la porte au nez. Pourtant, c'est sans doute aussi ma faute si les relations n'ont pas été faciles entre nous. Je dois assumer ma part de responsabilité et essayer, si possible, de réparer ce qui peut l'être.

4

Le taxi me dépose devant le portail de la maison de mon enfance. Le chauffeur, prévenant, me propose de m'aider à porter mes deux lourdes valises jusqu'à la porte d'entrée. Je refuse, je me débrouillerai. Je l'ai bien fait pour aller jusqu'à la gare de Lyon.

Je pousse la grille, qui n'est pas fermée à clé. Elle résiste un peu à cause des hautes herbes de la pelouse mal entretenue, mais j'insiste. Je traîne péniblement mes deux valises le long de l'allée gravillonnée, avant de m'arrêter au bout de quelques mètres et de fermer les yeux pour écouter un son qui m'avait terriblement manqué : le chant des cigales. J'espère que ma mère est là. Il est étonnant qu'elle n'ait pas entendu le fracas des bagages roulant sur le gravier. Arrivée devant la porte, je sonne et attends, anxieuse. Il fait chaud et je transpire. Le marin souffle, apportant cette chaleur humide caractéristique d'avant l'orage. Le ciel est pourtant dégagé, sans trace du moindre nuage. Je tends l'oreille, mais il n'y a aucun bruit à l'intérieur. Je sais que ma mère, depuis qu'elle est à la retraite, aime se terrer dans sa maison, mais que sais-je vraiment d'elle, au fond ? On ne se parle que quelques fois par an au téléphone, des échanges convenus. Peut-être qu'Anne-Lise a changé ses habitudes, troqué sa solitude contre une vie sociale débridée, trouvé un compagnon, même... Puis je me rappelle ses remarques cinglantes sur les hommes, peu fiables, lâches, perfides, et je me dis que mon hypothèse est peu probable. Comme pour confirmer mes pensées, la porte s'entrouvre et le visage de ma mère apparaît dans l'encadrement.

— Qu'est-ce que tu fais là ?

— Bonjour maman ! À moi aussi, ça me fait plaisir de te voir...

Je me reprends immédiatement et songe que, si je veux obtenir l'asile temporaire de la part d'Anne-Lise et tenter une réconciliation, je dois mettre un bémol sur le ton cynique. Je ne suis plus une adolescente en révolte.

— Écoute, Anne-Lise, je suis désolée de débarquer comme ça sans t'avoir prévenue. Je peux entrer cinq minutes ?

Entrer cinq minutes... Je suis maladroite, je le sens. Je n'ai jamais su lui parler. Avec elle, l'aisance n'est pas de mise. On ne sait jamais comment s'adresser l'une à l'autre, sur quel registre s'aborder, sur quel pied danser. Anne-Lise sort sur le perron en tentant de fermer derrière elle, ce que je ne peux m'empêcher d'interpréter comme le signe que je ne suis pas la bienvenue, mais le vent résiste et la porte reste entrebâillée. Omettant de m'embrasser, elle regarde fixement mes bagages d'un air soupçonneux et demande :

— Tu veux entrer cinq minutes ? Et ces bagages, c'est pour quoi ?

Anne-Lise tire une bouffée de sa cigarette, qu'elle me souffle au visage. Chassant l'agacement qui me gagne, j'observe ma mère qui se tient debout devant moi, le visage plissé d'amertume, les racines grises apparentes dans sa tignasse blonde mal coiffée, et je suis submergée par un autre sentiment : la pitié. C'est la fin de l'après-midi, et ma mère porte un vieux peignoir élimé. Probable qu'elle ne s'est pas habillée et n'est pas sortie de la journée.

— Je sais, j'aurais dû te prévenir. Ne peux-tu pas m'accueillir, au moins pour une nuit ?

J'entends dans ma voix cette note implorante que j'aurais voulu éviter. Je pense à la somme que j'ai mise de côté et effectue un calcul rapide. Combien de nuits à l'hôtel puis-je me payer avant de me retrouver à la rue ?

Elle laisse échapper un ricanement sec.

— Ah ! Je me disais bien que ça faisait beaucoup de bagages pour cinq minutes. Pour une nuit aussi, d'ailleurs… Écoute, je ne sais pas ce que tu as en tête, mais ce n'est vraiment pas le moment, j'attends du monde.

Je suis saisie par un rire nerveux, que je réprime aussitôt. Quel piètre mensonge ! Ma propre mère, qui ne reçoit personne et qui se dresse devant moi dans cette tenue débraillée, essaie de me faire croire qu'elle attend « du monde ». J'hésite sur l'attitude à adopter, lorsqu'une soudaine bourrasque ouvre tout grand la porte de la maison laissée entrouverte. Et là, c'est le choc…

— Oh, Anne-Lise…

Elle n'a pas besoin de se retourner pour savoir ce qui a motivé mon exclamation. Je viens de comprendre pourquoi ma mère est sortie pour discuter avec moi. Dans l'entrée, des magazines et des cartons s'empilent, de manière aléatoire, et ce qui était à l'époque un endroit accueillant et dégagé ressemble à présent à un labyrinthe dans lequel il faut négocier son chemin prudemment pour atteindre les autres pièces.

— Tu n'avais qu'à prévenir, aussi ! Si j'avais su que tu venais, j'aurais fait un peu de rangement.

Je ne sais pas laquelle de nous deux ma mère essaie de convaincre. Ce que je vois derrière elle est tellement au-delà d'une simple séance de rangement que j'en ai le souffle coupé. Et pourtant, les prémices étaient là avant mon départ. Toutes ces années, j'ai voulu oublier les habitudes dépensières de ma mère, sa tendance à accumuler, j'ai refusé d'imaginer où elles pourraient la mener. Ces souvenirs de mon adolescence, depuis longtemps occultés, me reviennent comme une gifle en pleine figure : ma mère comme une ode à la société de consommation...

Lorsqu'elle rentrait du travail, elle feuilletait les catalogues de vente par correspondance à la recherche de vêtements ou de parures de lit à commander. Le week-end, son rendez-vous préféré, c'était le télé-achat. Aussi loin que je me souvienne, elle avait une passion pour ce genre d'émissions, qui avait commencé avec *Téléshopping*, l'émission de Pierre Bellemare et de son assistante, Maryse. Anne-Lise achetait tout et n'importe quoi. Je me souviens en particulier d'une méthode de piano sous forme de livrets et de cassettes vidéo, qui promettait à ceux qui l'achetaient la maîtrise de l'instrument après seulement vingt-quatre heures de leçons. Ma mère avait décidé que c'était exactement ce dont elle avait besoin, sauf qu'elle n'avait pas de piano. Alors elle en avait commandé un, qui avait été livré quelques jours plus tard. Bien sûr, Anne-Lise n'avait jamais terminé les vingt-quatre heures de leçons. Le piano était resté dans un coin du salon, et la méthode, dans la bibliothèque. Elle passait d'une lubie à l'autre et achetait tout ce qui allait « changer sa vie », comme le lui assuraient Pierre Bellemare et tous les présentateurs et présentatrices d'émissions similaires.

D'une nouvelle batterie de cuisine au dernier fer à repasser high-tech, du LaserDisc — qui n'a jamais connu le succès escompté — au vélo d'appartement inutilisé, Anne-Lise était la cible idéale : elle voulait tout. Elle achetait souvent à crédit, et ne jetait ni ne donnait jamais rien, même si l'objet avait été relégué dans un placard depuis longtemps. Peu à peu, j'ai vu la maison familiale se remplir d'objets inutiles qui encombraient toutes les pièces, sauf ma propre chambre, que j'essayais de garder nette et ordonnée, certainement par rébellion.

Vers treize ans, j'avais demandé à suivre des cours de ballet jazz, pour faire comme une de mes amies. Ma mère m'avait alors rétorqué sèchement : « Tu t'imagines que j'ai les moyens de te payer ces cours, qui sont sûrement une nouvelle lubie ? » Je lui avais répondu que, puisqu'elle ne se refusait rien, je ne voyais pas pourquoi je n'aurais pas droit, moi aussi, de cultiver une passion, même si elle devait n'être qu'éphémère. Anne-Lise m'avait traitée d'insolente et j'étais partie dans ma chambre en claquant la porte. C'était le seul endroit où je me sentais bien dans la maison. Je m'y étais créé mon propre univers, au milieu des posters de Kurt Cobain et de Texas, et des affiches de cinéma de *Scream* et de *Sur la route de Madison*.

Je prends une grande inspiration pour chasser ces souvenirs et demande :

— Et ma chambre ? Enfin, mon ancienne chambre… il reste de la place ?

Ma mère laisse échapper un ricanement sec.

— J'y stocke des choses, qu'est-ce que tu croyais ? Tu n'es pas descendue depuis des années. Tu pensais que j'allais garder cet espace à ta disposition ? Pour le jour hypothétique où tu viendrais me rendre visite ?

Devant mon expression, qui doit osciller entre dépit et tristesse, Anne-Lise s'adoucit un peu.

— Enfin… je suppose que ça pourrait faire l'affaire pour quelques nuits. Je ne vais pas te laisser à la rue. Tu feras le lit, il est toujours là. Tu n'auras qu'à mettre les affaires qui sont dessus ailleurs. Bon, je suppose que je ferais aussi bien de te laisser entrer, maintenant, mais veille à ne rien faire tomber.

Je suis ma mère à l'intérieur et j'ai l'impression de découvrir un lieu inconnu et hostile, qui n'a plus rien à voir avec celui où j'ai grandi. Ce que je découvre à mesure que je progresse dans la maison n'est que le développement du processus entamé avant mon départ, mais ma mère semble avoir totalement perdu le contrôle de son environnement. Malgré tout, ce qui sauve la situation, c'est qu'elle a toujours été relativement propre.

Je me souviens d'émissions sur lesquelles je suis tombée, à la télévision ou sur Internet, présentant des gens souffrant du syndrome de Diogène, en référence au philosophe grec qui vivait avec toutes ses possessions dans un tonneau. Ces gens conservent tout, parfois même leurs ordures. Souvent, ils doivent pour se déplacer chez eux marcher sur des amoncellements qui rappellent une décharge publique. Parfois, quand leurs sanitaires sont devenus inutilisables, ils évacuent leurs urines dans des bouteilles de soda vides, qu'ils conservent avec le reste de leurs « trésors ». C'était effarant, et incompréhensible pour le commun des mortels. Dans ces maisons-là, on trouve des cafards, des rats parfois. Les professionnels qui interviennent pour tenter de remettre de l'ordre dans la vie de ces personnes portent masques et gants pour éviter d'attraper des maladies. Les habitants, eux, évoluent quotidiennement dans leurs ordures, se sentant à l'abri, rassurés, comme dans un cocon ou dans un nid, au milieu d'amas d'immondices. Ils résistent souvent à l'idée de tout changement, et doivent entreprendre une psychothérapie afin de pouvoir vivre autrement.

Anne-Lise n'en est pas encore là. Son bazar possède une certaine organisation, une logique qui lui est personnelle. Je constate au passage avec soulagement que les toilettes sont propres et fonctionnelles, même si, dans cette petite pièce aussi, elle stocke des produits de beauté dans des corbeilles en osier, produits de beauté qu'elle a dû se faire refiler gratuitement dans les magasins. Les choses qui s'entassent partout font paraître les pièces petites et sombres. La circulation est entravée, la vue, bouchée. Cela m'oppresse et me rend triste. Je repense aux maisons visitées par la fée du logis nippone et me dis qu'il y a peut-être un lien, en effet, entre un intérieur épuré et une certaine idée du bonheur.

5

Je pose mes valises dans mon ancienne chambre, que je ne reconnais pas. Des portants à roulettes surchargés de vêtements occupent la majorité de l'espace. Ma mère a fait de cette pièce son dressing. Contre les murs, mes anciennes étagères à livres font à présent office de meubles à chaussures. Anne-Lise, qui a travaillé toute sa vie dans ce domaine, a la passion des bottes, des escarpins et autres mules. Elle en ramenait des paires et des paires, qu'elle obtenait à prix réduit. Elle rentrait souvent du travail les yeux brillants, une ou deux boîtes sous le bras, persuadée qu'elle faisait de bonnes affaires. Elle était incapable d'appréhender le fait qu'un article non acheté revient toujours moins cher qu'un article à prix réduit.

Les talons hauts, au fil des années, lui ont donné des hallux valgus, communément appelés oignons. Elle a dû se faire opérer deux fois, et ne peut plus porter que des chaussures médicales confortables. Pourtant, les escarpins sont toujours là, sur les étagères. Quel réconfort trouve-t-elle à garder ainsi des chaussures qu'elle ne peut plus mettre ? Pourquoi ne les a-t-elle pas données ? Est-ce par nostalgie du passé, d'un temps où elle se targuait d'élégance et de sophistication ?

Il n'y a aucune place sur les étagères pour mes affaires. Je n'ai d'autre choix que de les laisser dans les valises, et me rassure en me disant que ce n'est que pour quelques jours. L'urgence de chercher rapidement un endroit, un lieu où je me sente chez moi, m'envahit. Si, dans un coin de mon esprit, j'avais espéré trouver ce sentiment de home sweet home dans la maison de mon enfance, j'en suis quitte pour mes illusions. Mon lit est à la même place que le jour de mon départ, contre le mur, sous la fenêtre, mais il est à présent dissimulé sous des piles de vêtements, dont certains portent encore leur étiquette. Ceux-là, ma mère ne les a jamais portés… Sur un vieux fauteuil en cuir — je ne le connaissais pas, Anne-Lise a dû le chiner dans une brocante —, des emballages en plastique s'empilent, même pas ouverts.

Pierre Bellemare, véritable gourou du téléachat, a été remplacé par Jeff Bezos dans les habitudes de shopping de ma mère, toutes ces boîtes en carton portant le fameux logo à la flèche en sont la preuve. Le numéro un de la mode en ligne a aussi supplanté les catalogues de La Redoute et des Trois Suisses. Si ces derniers incitaient ma mère à s'adonner à sa frénésie dépensière deux fois par an, à l'occasion de l'édition d'hiver et de celle d'été, la boutique virtuelle, qui propose tous les jours de nouveaux modèles, nourrit et entretient son addiction avec encore plus d'efficacité. Un shot quotidien de consommation effrénée, comme une démangeaison qu'on amplifie en se grattant.

Je ne peux m'empêcher de noter des similitudes entre les sites de shopping en ligne et les applis de rencontres, la consommation effrénée de sexe et d'histoires sans lendemain qu'elle permet à certains. C'est donc cela qu'a apporté le progrès technologique ? Rendre accessible et désirable, en quantité illimitée, ce dont on n'a pas réellement besoin, créant des générations d'insatisfaits chroniques ? Je suis à nouveau prise d'une sorte de nausée, comme après mon fiasco avec Léo. Je me ressaisis et entreprends de libérer le lit pour lui redonner sa fonction initiale et m'y reposer. Ne trouvant pas de cintres libres, je me contente de répartir les vêtements qui l'encombrent sur les barres des portants, que je rapproche les uns des autres pour dégager un peu d'espace. Le matelas, une fois apparent, est nu. Heureusement, j'ai emporté dans l'un de mes bagages deux draps et deux housses de couette. Ma mère en possède sûrement des dizaines, mais sait-elle seulement où ils se trouvent ? Le matelas de mon enfance est nettement plus petit que celui de mon lit parisien, mais cela fera l'affaire. Je coince le surplus de tissu sous le matelas. Il n'y a pas de couette, mais il fait assez chaud pour que la housse seule suffise.

Anne-Lise frappe à ma porte. Appréciant cette marque de respect, vu la réticence avec laquelle elle m'avait concédé cet espace, je la prie d'entrer.

— Comme tu es venue à l'improviste, je n'ai rien prévu de spécial pour le repas, mais je suppose que tu as faim. J'ai des lasagnes surgelées, si tu veux…

Je n'ai pas faim. Les émotions du voyage et l'atmosphère oppressante de la maison m'ont coupé l'appétit. Et puis, j'imagine déjà les silences inconfortables et les instants de conversation forcée qui accompagneraient le repas, et cela achève de me convaincre. Pas ce soir. Je n'en ai pas l'énergie.

— Merci, mais mange sans moi. Je suis fatiguée, je ne vais pas tarder à aller me coucher. Je serai plus en forme demain.

— Bien, comme tu veux. Bonne nuit alors.

— Bonne nuit.

Même s'il n'est que 8 heures du soir et que les journées de juillet sont longues, je me mets en pyjama et négocie le chemin jusqu'à la salle de bains pour me brosser les dents. Au passage, je considère les piles de magazines qui n'ont pas trouvé de place ailleurs que contre les murs du couloir, rendant le passage difficile. Heureusement que ni ma mère ni moi ne souffrons d'obésité. Les piles sont organisées par catégories, avec les numéros les plus récents au-dessus. À part le sacro-saint *Paris Match* des familles, il y a *National Geographic, Point de vue* et *Closer.* J'ai moi-même été abonnée à *Lire* et au *Magazine littéraire,* et je justifiais cela par mon métier. Pourtant, combien de fois ai-je réellement lu des articles, me contentant souvent de feuilleter les revues pour me donner bonne conscience ? Combien d'articles découpés et mis de côté pour lecture future, qui ont fini au recyclage avant mon déménagement ? Je n'avais presque jamais le temps, et, lorsque j'arrivais à en dégager, je préférais me plonger dans un bon roman.

Ma mère, qui ne voyage pas, a-t-elle l'impression de s'évader en contemplant les images de lieux où elle ne mettra jamais les pieds et les photos du gratin, royal ou du showbiz, que la vie ne lui permet pas de côtoyer ? Se projette-t-elle dans des existences alternatives depuis le confort de son salon ? Est-ce cela, en réalité, que cache sa frénésie d'acquérir et d'accumuler ? L'illusion d'avoir accès à d'autres mondes, d'autres possibles, d'autres versions, plus glamours, d'elle-même ? Quelle société cruelle que celle qui vous fournit des fenêtres sur des ailleurs inaccessibles… des fenêtres à barreaux, bien sûr. Mais, avant de juger ma mère, n'ai-je pas mon propre examen de conscience à faire ? Ne me suis-je pas, aussi sûrement qu'elle, laissé prendre au piège de ce que la société nous offre de factice et d'inutile ?

6

16 juin

Les rayons de soleil filtrent au travers des volets en bois entrebâillés, s'insinuant dans la chambre sombre et me réveillant à 6 heures. Pendant quelques secondes, je suis désorientée, je ne sais plus où je me trouve, puis je me rappelle. J'ai passé une nuit difficile, me tournant et me retournant dans un lit dont je n'ai plus l'habitude, oppressée par les ombres des portants, qui, dans la clarté de la lune, prenaient des formes étranges et inquiétantes. Malgré la fenêtre ouverte, j'avais l'impression d'étouffer. L'orage, qui a fini par éclater aux alentours de 22 heures, n'a même pas apporté le soulagement d'un peu de fraîcheur.

Je rejoins la cuisine et y trouve Anne-Lise, qui boit un café debout devant la baie vitrée. Elle n'a jamais été une grande dormeuse.

— Bien dormi ? Tu veux un café ? J'ai des toasts, aussi…

— Je veux bien... Pourquoi ne prendrions-nous pas le petit déjeuner dehors, sur la table ?

— Si tu veux, mais je te laisse la nettoyer, je ne l'utilise presque jamais.

J'ouvre la porte-fenêtre et constate que la table porte en effet une bonne couche de crasse et de poussière qui ne date pas d'hier. Si je vivais dans une maison aussi encombrée, j'aurais au moins le réflexe de fuir le désordre en me réfugiant autant que possible sur la terrasse, même si cette dernière est elle aussi encombrée d'objets divers, du barbecue à l'étendoir à linge en passant par de vieux meubles de jardin plus ou moins délabrés. Avec une éponge et du détergent, je tente d'enlever le gros de la crasse. Il est hors de question que je prenne mon petit déjeuner sur la table du salon, qui est recouverte de journaux, de paperasse et d'un ordinateur portable. Sans doute les diverses factures des achats compulsifs d'Anne-Lise. Je ne connais pas l'état de ses finances, mais je crains le pire. Ce n'est pourtant pas mon problème, et je suis bien résolue à ne pas me mêler de ses affaires. Cette courtoisie ne m'est pourtant pas rendue, car j'ai à peine le temps de mordre dans mon toast au beurre salé qu'Anne-Lise m'agresse déjà :

— Combien de temps as-tu l'intention de rester ici ? Ne me fais pas croire que ces grosses valises avec lesquelles tu as débarqué sont pour une nuit. Qu'est-ce qui se passe ?

Je soupire. Je ne couperai pas à une explication.

— J'ai quitté mon boulot… et j'ai quitté Paris. J'avais envie de retrouver mes racines. C'est difficile à expliquer…

Comment traduire en mots ce qui se passe dans ma tête en ce moment ? J'ouvre la bouche pour tenter une explication que je pressens confuse, mais elle ne m'en laisse pas le temps.

— Qu'est-ce qui t'a pris de quitter ta maison d'édition sur un coup de tête ?

— Ce n'était pas un coup de tête… Ou plutôt si, c'en était un, mais ça faisait longtemps que je ne me sentais plus à l'aise dans ce milieu.

Connaissant ma mère, je préfère ne pas entrer dans les détails de ma vision de l'édition ou de la trahison de Sandrine. La suite de la conversation me donne raison.

— Pas à l'aise, plus à l'aise ? Vous croyez quoi, vous les jeunes ? Que le monde du travail c'est le Club Med ? Tu penses que j'étais à l'aise quand je devais me plier en deux toute la journée pour aider les gens à enfiler des chaussures ? C'était autrement plus fatigant que de passer la journée le cul sur une chaise à lire des livres… La vérité, c'est que tu n'as jamais eu aucune ambition… Tu aurais pu faire médecine, ou du droit. Mais non, tu choisis la Sorbonne ! Des études qui ne mènent à rien. Et même ça, t'es pas capable de t'accrocher. Crois-moi, si t'avais des gosses, t'aurais pas le loisir de faire la difficile. Tu t'y accrocherais, à ton job… Je n'te dis pas le nombre de fois où j'ai eu envie de tout plaquer, mais je n'ai pas eu ce luxe ! Non, miss, parce que j'étais toute seule à t'élever, moi !

Je prends quelques grandes inspirations. Je n'ai pas envie de rentrer dans le jeu de ma mère et de perdre mon calme. Rien n'a changé depuis toutes ces années. Rien du tout. On en revient toujours au même point, aux deux mêmes récriminations : « Je t'ai élevée toute seule et je t'en veux pour ça » et « Globalement, tu es une déception pour moi ».

J'essaie de me concentrer sur le chant des oiseaux et sur la vue des bougainvilliers, qui ont résisté à la négligence d'Anne-Lise, pour essayer d'étouffer le sens des paroles qui continuent à sortir en flot continu de la bouche de ma mère. On sent qu'elle n'a pas souvent l'occasion de parler à quelqu'un, elle est en roue libre.

— Tu sais, au moins, tu pourrais en profiter pour reprendre des études. À défaut de te trouver un mari, car je suppose que ça n'est pas facile, avec ton caractère de femme indépendante… As-tu au moins mis de l'argent de côté ? Médecine, à ton âge, c'est pas la peine d'y songer, mais tu pourrais t'inscrire en fac de droit ; de nos jours, les gens reprennent parfois leurs études ! Il n'est peut-être pas trop tard pour faire quelque chose de ta vie, même si ça sera difficile…

Ces derniers mots sont les mots de trop, et je réplique sans pouvoir m'en empêcher :

— Et toi, il n'est peut-être pas trop tard pour faire un peu le tri dans ta maison, même si ce sera difficile…

Anne-Lise, vexée, se lève, franchit la porte vitrée et disparaît dans son antre, heurtant au passage une pile de vieux journaux, qui s'écroule, et laissant son paquet de cigarettes sur la table. J'ai arrêté de fumer depuis deux ans et je résiste difficilement à l'envie de me calmer les nerfs en en grillant une. Je me lève à mon tour. J'ai besoin de m'éloigner de cette maison. Découragée, je ne prends même pas la peine de rentrer les vestiges du petit déjeuner ou de remettre en pile les numéros de *La Dépêche,* sûrement laissés là pour faire démarrer le feu d'hypothétiques grillades au barbecue.

7

L'air marin m'apaise. À chaque foulée, je sens un peu plus de sérénité me gagner. La plage m'a manqué. Je contemple l'empreinte éphémère de mes pas sur le sable mouillé. J'avais oublié ce que c'était, de se confronter à l'immensité de la mer et du ciel à perte de vue, de me sentir toute petite et solitaire devant la beauté de la nature. Une solitude bienvenue, pas comme celle des villes, celle qui isole, donne des regrets et des envies d'ailleurs. Mesurant le contraste de ce que j'ai devant les yeux avec la maison encombrée de ma mère, j'ai l'impression de respirer plus profondément, avec plus de liberté.

D'autres souvenirs remontent. Des souvenirs de journées passées sur cette plage, allongée sur le sable, à lire pendant des heures. J'étais déjà adolescente, c'était après avoir découvert *Harry Potter.* Pour fuir ma mère et ses humeurs maussades, son obsession de consommation effrénée, je me réfugiais au bord de l'eau et plongeais dans d'autres univers, en levant le nez de temps en temps pour apprécier la beauté de ce que j'avais devant moi, cet espace infini qui me libérait pour quelques heures de mes prisons mentales. Après les aventures de Harry Potter, celles de Heidi, celles d'Anne dans sa maison aux pignons verts et celles des filles du docteur March, je me suis très vite lancée dans la littérature adulte. Même les classiques qui me dégoûtaient dans le cadre de l'école prenaient sur la plage une autre dimension dans laquelle je m'engouffrais avec plaisir. Dans *Au Bonheur des Dames,* de Zola, je trouvais des explications au comportement de ma mère. Je l'imaginais en robe d'époque, arpentant les rayons du magasin, succombant aux tentations qu'Octave Mouret mettait sur le chemin de ses clientes en imaginant des arrangements d'étoffes par couleurs et par textures, comme s'il créait des œuvres d'art. Je trouvais que ça avait plus de gueule que le téléachat. D'autres auteurs, classiques ou modernes, m'offraient l'évasion des grands espaces. Pearl Buck me faisait découvrir la Chine, Pat Conroy, sa Caroline du Sud, tandis que Paul Auster m'emmenait dans un New York qui me semblait plus onirique que réel. J'avais accès à tout cela sans quitter ma serviette de plage.

Y avait-il une différence entre mes livres et les magazines de ma mère ? Ils avaient la même fonction, nous permettre de nous évader d'un quotidien qui ne nous satisfaisait pas. Pourtant, j'aime à croire qu'il y a bien une différence, que les mots qui tissent des histoires nourrissent notre imagination, tandis que les images sur papier glacé nous présentent une réalité orchestrée qui fige cette même imagination en nous imposant une version convenue de la vérité. Mieux que ça, je dirais que tous ces romans lus sur la plage m'ont aidée à grandir, ont été les substituts d'un parent que je n'avais pas connu et d'un autre qui remplissait bien mal son rôle.

À cette heure matinale, la chaleur est encore supportable, et la plupart des touristes font la grasse matinée. Je croise quelques rares promeneurs qui, comme moi, préfèrent la plage désertée. Une femme lance un bâton à son golden retriever, qui le lui ramène sans faillir à la tâche, jamais las de ce jeu dont les règles ne varient pas. Quand il allonge le cou pour qu'elle saisisse le bâton qu'il tient dans sa gueule, elle le récompense d'une caresse. Je n'ai jamais eu d'animaux, Anne-Lise ne voulait pas, mais il me semble bien que les rapports d'un humain et de son chien sont beaucoup plus simples que ceux qui régissent les relations humaines… Soudain, l'animal s'élance dans ma direction et se met à tourner autour de moi en bondissant. J'ai un peu peur des gros chiens, et esquisse un mouvement de recul.

— Ne vous inquiétez pas, elle ne mord que les mauvaises personnes !

Légèrement rassurée, je laisse l'animal s'approcher de moi et lui prodigue une timide caresse sur le sommet de la tête.

— Il est magnifique, comment s'appelle-t-il ?

— Elle. Elle s'appelle Erya.

— Et elle a quel âge ?

— Deux ans, ce qui en fait une adolescente en âge canin. Elle est encore un peu fofolle.

Ayant épuisé mon stock de questions, je prends congé de la dame en lui souhaitant une bonne journée.

Mes pensées s'apaisent au fur et à mesure que je marche. La colère que je ressens à l'égard de ma mère s'estompe, le poids des déceptions qu'elle me fait porter depuis l'enfance s'allège. Anne-Lise est plus malheureuse que méchante, dans le fond, et parfois les gens malheureux s'en prennent aux autres parce que c'est plus fort qu'eux. La détresse rend égoïste.

D'où me viennent ces pensées empreintes de magnanimité ? Serais-je en train d'acquérir la sagesse du Bouddha ? Cette idée me fait sourire.

Une espèce de joie subite monte en moi, une bouffée de bonheur, une sorte de bouillonnement intérieur, la sensation d'être dans l'attente de quelque chose de merveilleux mélangée à un peu de peur. Pas une peur négative, mais plutôt celle que l'on ressent en haut des montagnes russes, l'anticipation d'une expérience qui va nous retourner les tripes. Ce chamboulement intérieur, c'est la sensation de ma liberté, d'une liberté totale que j'éprouve soudain et qui, je le sais, ne durera pas. D'ailleurs, au moment où j'essaie de l'analyser et de la verbaliser, la sensation s'atténue. Je voudrais la retenir, mais elle s'éloigne déjà. C'est sans doute pour cela que les livres de développement personnel nous conseillent le « lâcher-prise du mental ».

Pour éviter la tentation de ressasser à nouveau après avoir connu ce moment d'allégresse, je décide de me concentrer sur les coquillages que j'aperçois à mes pieds. La plupart sont beaux, intacts, cadeaux que la mer offre à ceux qui n'ont pas le nez sur l'écran de leur téléphone portable. Quand j'étais petite et que quelqu'un prenait la peine de m'amener à la plage — ma mère ne supportait pas d'y aller —, je pouvais passer des heures à ramasser des coquillages. C'était avant que je ne découvre les joies de la lecture. Le temps filait alors dans cette quête inutile de trésors naturels. Les quêtes inutiles ne sont-elles pas les plus belles ? J'ai à peine ramassé une fine coquille striée d'un beau dégradé orange que j'en aperçois une autre, blanche et lisse. Je m'émerveille de cette beauté simple à mes pieds. Du carbonate de calcium et un peu de matière organique, rien de magique. Pourtant, chaque coquillage est unique, particulier. Finalement, l'enthousiasme pour les joies simples, que l'on dit être l'apanage de l'enfance, semble encore à ma portée.

Après environ une heure, ma collecte de coquillages dans la poche de mon sac, je me sens revigorée. La plage commence à se peupler. Les familles installent des serviettes et plantent leur parasol, marquant le bout de terrain qu'elles se réservent pour la journée. Les enfants jouent au ballon ou au frisbee, ou creusent le sable, sous le regard attentif des mères, qui n'ont pas oublié de les enduire de crème solaire. Il est temps pour moi de lever le camp. Je décide sur un coup de tête de prendre le bus pour me rendre à Valras. L'été, il y a un marché tous les jours, et je rêve de me perdre dans l'anonymat de la foule après ma balade en solitaire.

8

Les étals du marché de Valras me donnent la sensation d'être une touriste parmi les autres. J'ai beau être originaire de la région, mes années parisiennes m'ont changée. Il m'a fallu quelques années pour parvenir à masquer mon accent du Midi, et j'y suis arrivée de manière plutôt convaincante. Pendant toutes mes années à la Sorbonne, on m'a chambrée sur cet accent, parfois pour me dire qu'il était charmant, mais parfois aussi pour l'imiter de manière moqueuse. Les gens ne comprenaient pas la lassitude que j'éprouvais à entendre leurs commentaires à ce propos. Sans doute chacun se croyait-il l'unique à m'en faire la remarque, alors que, pour moi, cela prenait le goût amer de la répétition. Certes, j'ai grandi dans la région, mais ma vie d'adulte, je l'ai vécue à Paris. Le Sud est pour moi un mélange bizarre de familier et d'exotique. Je ne m'y sens pas vraiment chez moi, mais pas tout à fait étrangère non plus.

Le soleil commençant à taper sur mon crâne et mes épaules dénudées, je m'achète un large chapeau de paille. Je me demande un instant si Marie Kondo cautionnerait cet achat. Elle me demanderait sans doute s'il m'inspire une étincelle de joie. Honnêtement, je ne sais pas, mais s'il peut m'éviter l'insolation, il aura rempli sa fonction. À Paris, je n'en avais pas besoin : les chaleurs estivales, qui peuvent être intenses dans la capitale, je les passais dans l'air conditionné de mon open space. Équipée de mon couvre-chef, je me laisse à présent séduire par les couleurs et les odeurs des étals. Les dégradés de verts et de bruns d'un marchand d'olives et de tapenades me ravissent. Chez le poissonnier, les maquereaux et les loups de mer me font de l'œil. Moi qui n'ai jamais eu le moindre intérêt pour la cuisine, je me prends à rêver de faire griller une dorade, servie avec un filet d'huile d'olive et quelques herbes. J'en ai l'eau à la bouche. Le toast du petit déjeuner est bien loin.

Anne-Lise ne m'a jamais initiée à l'art de la gastronomie. Les repas de mon enfance sont une succession de plats tout prêts : pizzas, lasagnes, bâtonnets de poisson-purée, et à Noël, coquilles Saint-Jacques et fondant au chocolat… sortis de leurs emballages et décongelés. Ma mère n'a jamais été très préoccupée par l'équilibre alimentaire. Pour sa défense, ce n'est qu'au début des années 2000 que la nutrition et les alicaments ont commencé à devenir populaires. Et puis, il serait assez indélicat de ma part de lui en vouloir : je suis adulte depuis bien longtemps, et rien ne me retenait de pallier les manquements de mon enfance en investissant dans des livres de cuisine et en faisant mes courses au marché plutôt que dans les enseignes de la grande distribution. C'était toujours le même prétexte : je n'avais pas le temps. Bien sûr, rien ne m'empêchait de mijoter des petits plats le week-end plutôt que de lire des romans ou de regarder des séries, mais je ne l'ai jamais fait, me disant que je n'avais pas d'énergie pour ça.

Saurai-je faire fonctionner le barbecue de ma mère pour y griller du poisson ? Qu'importe… au pire, j'utiliserai une poêle ou le four. J'achète donc deux belles dorades, un citron qu'on dirait tout juste cueilli, du romarin en branches, de la tapenade d'olives noires sans anchois — je n'aime pas les anchois —, du pain de campagne, un fromage de brebis bio de la région et une bouteille de muscat de Frontignan. J'ai honte de l'admettre, mais c'est la première fois de ma vie que je fais mes courses sur un marché en plein air.

J'ai envie de prolonger ma balade dans les rues autour de la place du marché, mais les sacs en plastique commencent à peser dans mes mains, et j'ai faim. La prochaine fois, je prendrai la précaution de me munir d'un panier ou d'un sac en tissu. Même si je n'ai pas réellement d'engagement écologique, j'ai toujours fait l'effort, à Paris, de recycler mes déchets et d'éviter le plastique. Pour rentrer, je prends le bus, qui me dépose à une centaine de mètres de la maison maternelle.

9

Lorsque je franchis la porte, un peu craintive après la dispute du matin, je constate que ma mère a fait l'effort de s'habiller. Une robe à carreaux qui sied à sa silhouette encore fine et des espadrilles. Elle a également coiffé ses cheveux. Est-ce un indicateur que son humeur s'est améliorée ? Je lui montre mes sacs de courses.

— Regarde, j'ai acheté de quoi nous faire un bon petit repas ! Est-ce que le barbecue fonctionne ?

— Tu n'avais vraiment pas besoin d'acheter à manger. Le congélateur est plein. Je me suis fait livrer ce matin. Quant au barbecue, ça fait longtemps qu'il est hors d'usage…

— Pourquoi tu ne t'en débarrasses pas, alors ?

— Parce qu'on ne sait jamais ! Au cas où…

Je sens l'agacement me gagner à nouveau. Au cas où quoi ? Au cas où Anne-Lise accepterait de laisser entrer un homme dans sa vie ? Au cas où celui-ci serait bricoleur et s'amuserait à réparer tous les objets inutiles qui encombrent sa vie ? Cet homme providentiel, mais aussi très improbable vu les dispositions d'Anne-Lise à l'égard de la gent masculine, lui rendrait un meilleur service en venant avec un camion-benne pour débarrasser les lieux.

Je songe à toutes les fois où j'ai moi-même gardé des choses « au cas où » : ces skis, qui sont restés des années dans la cave de mon immeuble parce que je suis allée une fois à Chamonix avec des collègues, ce stepper, dans lequel j'avais investi parce qu'un homme m'avait fait remarquer que j'avais de grosses cuisses — je n'ai jamais utilisé l'engin, j'ai préféré me débarrasser de l'indélicat —, toutes ces robes, que j'ai achetées parce qu'elles étaient soldées mais dans lesquelles je ne me suis jamais sentie à l'aise… « Au cas où » est une faille dans laquelle s'engouffrent toutes nos insécurités.

Je décide de revenir sur le sujet du déjeuner et essaie de retrouver la compréhension et la clémence qui m'ont animée sur la plage.

— Les congelés, tu peux les garder pour une autre fois, ils ne risquent pas de s'abîmer… J'ai envie de cuisiner pour nous deux, ça pourrait être sympa, non ? Une belle dorade et un bon fromage de brebis, avec un petit verre de muscat…

— Après tout, si ça te chante… Et si tu arrives à dégager un peu de place dans la cuisine !

En effet, le plan de travail est encombré par divers robots ménagers, une machine à café, une autre qui permet de faire des *latte macchiato* et autres boissons sophistiquées, une crêpière et divers moules à gâteaux qui n'ont jamais servi.

Je ne peux pas résister :

— Pourquoi tu commandes tous ces accessoires alors que tu ne manges que des surgelés ?

— Parce qu'un jour je m'y mettrai ! Regarde, par exemple, celui-ci, c'est la Rolls Royce des robots ménagers. C'est incroyable toutes les choses que tu peux faire avec…

Anne-Lise entreprend de m'expliquer toutes les possibilités de l'encombrant engin, qui apparemment permet de faire aussi bien des glaces que des légumes vapeur ou du pain. Un robot pour remplacer tous les robots. Sauf que, dans la cuisine de ma mère, c'est juste un *trast* de plus. *Trast…* le mot me revient subitement de mon enfance, un mot de la langue d'oc et qu'on n'emploie que dans la région. Je souris en songeant que mon accent aussi ne tardera pas à revenir si je reste un peu ici…

Une fois l'espace nécessaire dégagé sur le plan de travail, je sors les dorades de leur emballage et les dispose dans un plat à four. Je les arrose d'un peu de jus de citron, puis j'ajoute un filet d'huile d'olive, un peu de sel et quelques branches de romarin. J'ai bien fait de ne pas me fier aux pots d'épices de ma mère, certains sont périmés depuis le siècle passé. Je mets le plat dans le four préchauffé et me dis que, pour du poisson, une dizaine de minutes devrait suffire. Pendant ce temps, je dresse la table dehors, choisissant parmi les services de ma mère les assiettes les plus simples, unies mais de couleurs différentes. Je ne comprends pas comment quelqu'un qui n'invite jamais peut avoir autant de services de table. Quelques-uns d'entre eux viennent probablement de mes grands-parents, morts bien avant ma naissance.

Les dorades sont plutôt réussies, et la tapenade est fameuse. Je ne sais pas si c'est grâce à la nourriture ou parce que nous mangeons dehors, bercées par le chant des cigales, mais ma mère semble se détendre. Elle me dit même, en allumant sa cigarette :

— C'était très bon.

La sachant plutôt avare de compliments en général, je la remercie et savoure ma tasse de café les yeux clos, le haut du corps à l'ombre mais les jambes étendues au soleil.

— Tu sais, j'ai pensé à notre conversation… Peut-être qu'il faudrait en effet que je fasse un peu de tri. Mais c'est décourageant, il y a tellement… Est-ce que tu m'aiderais ?

Je m'attendais à tout sauf à cela. J'hésite. Je m'étais juré de ne pas me mêler des affaires de ma mère, mais c'est elle qui me demande de l'aide, là. C'est peut-être l'opportunité de nous rapprocher, de réparer ce qui peut l'être, de combler cette distance entre nous. Je cède, avec un peu de réticence néanmoins.

— Oui, si tu veux.

— On s'y met ?

— Tu veux dire, maintenant ?

— Oui, pourquoi pas ! Tu as quelque chose de mieux à faire ?

Non, je n'ai rien de mieux à faire. Je suis en transit entre une vie que j'ai quittée et une autre qui n'a pas encore vraiment commencé. J'ai posé mes bagages pour une halte, mais personne ne m'attend nulle part. Personne ne viendra me chercher. À moi de partir quand j'aurai trouvé ma prochaine destination.

— Par où veux-tu commencer ?

— Le salon, c'est ce qui m'embête le plus. Pour recevoir, tu comprends. Je ne reçois pas, mais je pourrais vouloir recevoir. Et là, je n'peux pas, c'est un peu trop encombré.

Je lis entre les mots ce qu'elle ne me dit pas, que derrière sa façon de minimiser les choses, il y a une honte tapie, une honte qu'elle n'admettra jamais, surtout devant moi, sa fille. J'essaie de me mettre au diapason du ton léger qu'elle emploie.

— Pas de problème. As-tu quelques grands sacs poubelles ? On pourrait apporter ce qui est en bon état à l'Armée du Salut. Ce qui est inutilisable, on le mettra au recyclage ou dans la benne à ordures.

Anne-Lise va chercher ce que je lui ai demandé pendant que je considère, inquiète, les objets hétéroclites qui m'entourent, mesurant le temps que la tâche va nous prendre et cherchant par quoi commencer. Je m'attaque aux bibelots que j'ai toujours détestés, de vrais nids à poussière. Chez les juifs américains, on appelle ça des *tchotchkes.* J'aime la sonorité de ce mot, qui me semble évoquer la futilité de ce qu'il désigne, avec des syllabes dures pour capturer la poussière. Chaque *tchotchke* est l'occasion pour ma mère de me raconter le souvenir qui lui est associé, mais aussi une raison pour elle de s'y accrocher. Une excuse pour tout garder.

— Non, pas ce pot en jade. C'est ma tante Astrid qui me l'a ramené d'un voyage en Thaïlande. Quand je le vois, je pense à elle. Tu sais que c'était une grande voyageuse ? Elle était divorcée alors que cela ne se faisait pas, à l'époque. Et elle a parcouru le monde toute seule…

S'ensuit une longue digression sur la tante Astrid, que je n'ai pas connue, et sur ses pérégrinations dans le monde, un récit que j'aurais pu trouver intéressant s'il ne nous détournait pas du but de l'après-midi.

Je me fatigue vite des résistances de ma mère. Nous ne progressons pas beaucoup. Lorsque je lui suggère d'au moins se débarrasser de ses piles de magazines, la discussion dégénère.

— Je ne les ai pas encore tous lus ! Et puis, ce sont des collectors ! Qui sait si un jour je ne pourrai pas les revendre à un collectionneur ?

— Mais tu as vu dans quel état ils sont ? Ils prennent la poussière depuis des années. Si tu ne les as pas encore lus, tu ne les liras jamais ! Regarde ce numéro de *Paris Match* sur l'accident de Lady Di, c'était il y a vingt-deux ans ! Tu crois réellement qu'il va t'apprendre quelque chose ?

— Mais tu n'y comprends donc rien ! Vous, les jeunes, le passé, l'histoire, vous vous en foutez. Vous ne savez plus rien. Vous vivez pour vous et rien que pour vous…

La conversation devient tellement absurde que, saisie d'une immense lassitude, je décide de laisser ma mère ressasser son amertume toute seule. Je pars m'enfermer dans ma chambre, comme lorsque j'étais adolescente et que je boudais. Il devient urgent que je quitte ces lieux. Dès demain, je me mettrai en quête d'un boulot et d'un endroit où vivre.

Je décide de faire une sieste pour que la journée s'écoule sans moi. Je dépose, sur mon ancienne table de nuit, les coquillages que j'ai ramassés le matin sur la plage. Les contempler m'apaise. Je glisse doucement dans une torpeur agréable, et l'après-midi se passe entre veille et sommeil. Quand j'émerge, aux alentours de 18 heures, je constate que j'ai transpiré dans mon sommeil. J'ai la vague sensation d'avoir rêvé du travail, de Marisa et de Sandrine, une impression désagréable qui me laisse un goût pâteux dans la bouche.

Les coquillages, à mes côtés, me semblent soudain ridicules. Comme un tapis mural que l'on ramène de voyage et qui, hors contexte, n'évoque plus les splendeurs de l'Orient mais est juste un *tchotchke,* un *trast,* de plus. La beauté ne s'exporte pas. Elle s'apprécie dans son pays d'origine. C'est la même chose pour les coquillages, magnifiques sur la plage, là où les vagues les déposent, et qui sont dérisoires dans cette chambre déjà surencombrée. Demain, j'irai les rendre à la mer.

J'en prends un, le plus gros, et le porte à mon oreille, comme dans mon enfance, pour vérifier si on y entend toujours le bruit de la mer. Je ferme les yeux et, en effet, l'illusion est complète. J'ai l'impression d'entendre le va-et-vient des vagues, comme si toute la mer tenait là, blottie dans un seul coquillage.

10

22 juin
J'ai décidé d'instaurer l'habitude de me lever tôt. Au fil des jours, j'ai constaté que je démarrais de plus en plus tard, renonçant souvent à ma balade matinale sur la plage pour éviter les touristes. Un rythme de vacances. Des matinées à me prélasser sur la terrasse de ma mère et à lire. Des après-midi à la convaincre, tant bien que mal, de se délester de quatre ou cinq de ses possessions. Six ou sept dans les bons jours. À cette cadence, le bout du tunnel est encore loin… J'ai l'impression de m'embourber peu à peu dans le quotidien d'Anne-Lise, et ce sentiment inconfortable m'ôte toute volonté.

Hier soir avant de m'endormir, j'ai programmé mon réveil, pour retrouver un semblant de normalité. Je ne veux plus vivre au rythme du hasard, je préfère profiter des heures les moins chaudes du jour pour réfléchir à ce que je vais faire du reste de ma vie. Je suis résolue à faire de la marche matinale sur la plage une habitude quotidienne. Respirer l'air marin et m'adonner à cet exercice sain m'aidera à ne pas me faire happer par les problèmes de ma mère et à ne pas me laisser ensevelir progressivement par le bazar qui règne chez elle. Je progresse, les pieds dans l'eau jusqu'à mi-mollet, et puise des forces dans la résistance de l'élément liquide, des forces qui me permettront de faire face au reste de la journée, aux interactions compliquées avec Anne-Lise. Si les premiers moments de chaque jour m'appartiennent, je me sentirai prête à affronter le reste. J'essaie d'effectuer cet exercice en pleine conscience, de profiter de chaque foulée. Pourtant, je ne retrouve pas ce moment de *kensho* que j'ai éprouvé la dernière fois, cette rencontre avec la vraie nature du Bouddha, cet éveil. Il paraît que c'est ainsi que l'on nomme ce moment de joie pure qui m'a saisie lors de ma première promenade, le lendemain de mon arrivée. Je suis tombée hier soir sur une émission d'Arte au sujet du bouddhisme. Anne-Lise voulait changer de chaîne, mais je lui ai rétorqué que le sujet m'intéressait et elle est allée se coucher en râlant.

Pas de *kensho* pour moi ce matin, juste l'angoisse de l'avenir qui me gagne à nouveau et les piqûres nocturnes d'insectes non identifiés qui me procurent des démangeaisons vives, amplifiées par le contact de l'eau salée. Je marche, je m'arrête, je me gratte les chevilles. Je marche à nouveau, essayant de faire abstraction des démangeaisons. Comme il est dur de reproduire une expérience agréable, même quand toutes les conditions semblent réunies… Je mesure à quel point je suis loin du *satori.* Il paraît que c'est l'étape après le *kensho,* quand l'éveil s'installe durablement.

Le moment de grâce mystique m'étant refusé, je me concentre sur les coquillages, que j'ai pourtant renoncé à amasser chez ma mère. Je constate alors que la plage n'offre pas à la vue que de jolies coquilles, mais aussi des mégots et un sac en plastique abandonnés la veille par des touristes. Au lieu de m'indigner sur le manque de respect de certains, je ramasse le sac en plastique et y glisse les mégots. J'ai entendu parler du *plogging,* qui consiste à faire son jogging dans la nature en ramassant les déchets laissés par les promeneurs. Je déteste courir — je pense être incapable de jogger, même si j'avais la mort aux trousses —, mais inventer ma propre version du *plogging* en combinant marche sur la plage et ramassage de déchets me paraît une bonne idée. Les coquillages n'ont de valeur ajoutée que sur le sable, et les ordures laissées par les touristes irrespectueux m'empêchent de jouir totalement de la beauté de la nature. Je m'absorbe plus d'une heure durant dans ce ramassage de déchets tout aussi efficacement que quelques jours plus tôt dans la collecte de coquillages. Ce faisant, je ne trouve pas de réponses sur mon avenir, mais j'ai l'impression d'avoir contribué, dans la mesure de mes petits moyens, à rendre à la nature sa pureté originelle, et cela m'apaise.

Pendant ma promenade, j'ai recroisé la dame au chien et nous avons échangé quelques mots :

— Vous avez décidé de nettoyer la plage ? Belle initiative, mais vous avez du boulot.

— Oui, en effet… Qu'est-il arrivé à Erya ? Il me semble qu'elle boîte un peu.

— Elle a mis la patte sur un oursin.

— Oh, la pauvre… J'espère qu'elle va vite se rétablir.

— Ne vous inquiétez pas pour elle, elle en a vu d'autres.

— Bien, alors… Bonne promenade !

— Merci, à vous aussi !

Je décide de me rendre à nouveau au marché de Valras, pour m'approvisionner en produits frais et appétissants. Les jours précédents, nous nous sommes nourries du contenu du congélateur. Je trouve la plupart de ces plats prêts à consommer insipides, le sel ajouté ne suffisant pas à compenser l'absence de saveur.

Cette fois-ci, je vais flâner dans les rues alentour avant de rejoindre le marché et de me retrouver les bras chargés de victuailles. Je me mets en quête d'une bibliothèque ou d'une librairie. En quelques jours de farniente, j'ai épuisé le maigre stock de livres que j'avais dans ma valise, et je regrette, le temps d'un instant, d'avoir laissé le contenu de ma bibliothèque à la librairie d'occasion de mon ancien quartier. Pourtant, il était constitué pour la plus grande part de publications de ma maison d'édition, et me défaire de celles-ci était une étape essentielle de ma transition vers une autre vie. Ne restaient plus dans ma valise que cinq de mes livres préférés, lus et relus, et ce fameux *Art de l'essentiel* de Dominique Loreau, que je me réjouissais de découvrir.

L'auteur m'a permis d'avoir une vision différente de celle, plus superficielle, de Marie Kondo. Cette Française qui vit au Japon a adopté un art de vivre basé sur la frugalité et l'essentiel, qui touche à tous les domaines de la vie. Même dans les relations, elle recommande le grand tri. Fréquenter peu de gens, se confier peu, parler peu. Ces notions m'étaient jusque-là totalement étrangères, moi qui ai tendance, depuis l'enfance, à trop bavarder et qui regrette souvent certaines confidences intempestives. Pourtant, depuis que j'ai pour seule interlocutrice ma mère et que je me refuse à consulter les réseaux sociaux pour savoir ce que font mes connaissances parisiennes, je suis en train d'éprouver cette solitude, qui est parfois un peu inconfortable, voire terrifiante, mais qui n'a pourtant rien de douloureux. Une opportunité pour moi de ne plus fuir mes pensées, mon intériorité, ce face à face avec moi-même.

Quelques idées du livre me paraissent encore extrêmes. Peut-être dois-je les digérer avant de les mettre en pratique. Il faudra que je prenne le temps, le jour où je serai posée dans un lieu que je pourrai appeler mon chez-moi, de le relire chapitre par chapitre, en laissant infuser le message, comme un bon thé vert préparé lors d'une cérémonie nippone. Pourtant, en songeant à l'impulsion que j'ai eue de supprimer l'appli de rencontres de mon téléphone, et plus tard à démissionner de ce travail qui me conduisait tout droit au burn out, je sais que j'ai déjà commencé, sans le savoir, à appliquer ces principes.

J'ai retrouvé, depuis que je suis dans le Midi, le bonheur de la lecture. Lire pour le simple plaisir de lire. J'ai l'impression que ce bonheur s'était peu à peu dénaturé au cours des dernières années. Je « consommais » des manuscrits en n'ayant en tête que des critères du genre : le sujet est-il tendance ? N'a-t-il pas été trop abordé ? Le texte est-il écrit dans un langage assez accessible ? Va-t-il plaire aux ménagères, le public le plus apte à acheter des livres ? L'auteur saura-t-il se vendre ?

Je m'enquiers auprès de passants de la présence d'une librairie et on m'en indique une, *Au Bonheur des Livres,* dans une petite ruelle où il n'y a pas grand passage. Le lieu, de l'extérieur, n'a rien de remarquable. Pourtant, il y aurait quelque chose à en faire, ne serait-ce qu'en nettoyant la vitrine et en disposant les livres différemment. Je repense à un endroit parisien qui m'enchantait, une librairie anglaise nommée *Shakespeare & Co,* un endroit tarabiscoté, tout en coins et recoins, aux étagères chargées de livres. Quand je déprimais au sujet de la réalité de mon métier d'éditrice, j'enviais les gens qui travaillaient dans cette boutique au charme tout britannique, pile en face de Notre-Dame. Rien de tel ne se dégage de cet endroit fatigué, dont pourtant je pousse la porte avec l'espoir d'y dénicher quelques bonnes lectures.

11

La libraire a entre cinquante-cinq et soixante ans. Elle est pimpante, maquillée et coiffée avec soin, et un chemisier de soie noir met en valeur son teint bronzé. Elle lève les yeux, me salue et replonge le nez sur l'écran de son portable, à côté de la caisse. Je regarde les livres mis en avant et constate que ce sont les mêmes que l'on voit partout : les best-sellers. Je me demande pourquoi une petite librairie met en avant ces auteurs qui caracolent déjà en tête des ventes. Je n'ai rien contre eux, j'avoue même apprécier l'inventivité de l'un d'entre eux, dont j'ai lu presque tous les livres, mais j'ai envie de quelque chose de plus rare, pas un de ces romans dont j'ai vu dix fois la publicité dans les journaux. J'hésite à déranger la dame derrière son comptoir, avant de me raisonner et de me dire qu'après tout c'est son métier.

— J'ai exactement ce qu'il vous faut…

Elle quitte sa place et se dirige vers l'une des étagères du fond de la salle. Elle en revient avec un livre de poche : *le Restaurant de l'amour retrouvé,* d'Ito Ogawa. Je ne connais ni le titre ni l'auteure. Un roman japonais après l'ouvrage de Dominique Loreau, ça semble plutôt cohérent. Je lis la quatrième de couverture. Apparemment, il s'agit de l'histoire d'une femme qui, après une déception amoureuse, n'a d'autre option que de retourner vivre chez sa mère. J'éclate de rire. Ce n'est pas la première fois qu'il m'arrive de tomber par hasard sur un roman en parfaite concordance avec ce que je suis en train de vivre. La libraire me regarde avec étonnement, aussi je lui fais part de la coïncidence.

— Vous savez, ce n'est pas la première fois qu'on me dit ça. Et, pour tout vous avouer, cela m'arrive aussi, assez souvent, en fait. La loi des séries... Plusieurs fois, je suis tombée sur un livre qui traitait d'un thème en résonance avec ma vie, alors que je l'avais choisi au hasard. Juste après mon divorce, il y a neuf ans, j'ai trouvé, oublié sur une table du bistrot où j'allais prendre mon café, *Mange, prie, aime,* d'Elizabeth Gilbert. J'étais alors en pleine remise en question... Je ne suis pas allée manger des pâtes en Italie ni méditer dans un ashram en Inde comme l'auteur du livre, mais son message positif m'a motivée à ouvrir cette librairie, un rêve que j'avais et qui m'a permis de me reconstruire peu à peu. Les livres m'ont toujours aidée à traverser les périodes difficiles de ma vie, alors je me suis dit :

quoi de mieux que de partager cette passion, la faire découvrir à d'autres ? Quelques années plus tard, je rencontrais Darius, mon deuxième époux, ajoute-t-elle, un éclair de bonheur dans les yeux.

— Pensez-vous que c'est la vie qui met sur notre chemin ces livres qu'on croit dénicher par hasard, ou au contraire que ce sont les livres qui influencent nos choix et nos décisions ?

— Je pense que ça va dans les deux sens. La vie, si nous sommes attentifs aux signes, nous offre les livres que nous avons besoin de lire à certains moments de notre existence, ceux qui vont nous apporter consolation et sentiment de ne pas être seuls au monde dans nos problèmes. Parfois aussi, ils nous indiquent le chemin à suivre.

— Vous avez donc trouvé votre bonheur ici ?

Je suis sceptique. Malgré son nom, cette librairie ne respire pas la joie de vivre ou de lire ; elle dégage plutôt un laisser-aller, un je-ne-sais-quoi qui sent la négligence et le désintérêt. Je le devine aux vitres, pas tout à fait propres, aux piles de livres que personne n'a pris soin de remettre droites, à l'exposition paresseuse en tête de gondole de ces romans qui se vendent tout seuls, à l'absence de ces petits mots soigneusement choisis qui, sur un bandeau, communiquent l'enthousiasme des libraires.

La confirmation de mon ressenti ne se fait pas attendre.

— Ah ! Je l'ai trouvé… un temps ! Il y a eu quelques années pendant lesquelles cet endroit était ma raison de vivre. Il y a neuf ans, quand j'ai commencé, j'y ai mis tout mon enthousiasme. C'était un lieu vivant, j'avais fidélisé une petite clientèle qui aimait revenir parce qu'elle trouvait chez moi des livres qu'on ne lui conseillait pas ailleurs, des livres comme celui que vous avez dans les mains. J'avais même installé deux ou trois petites tables de bistrot et quelques chaises, et je servais le thé ou le café aux lecteurs, avec une part de cake fait maison. Je m'étais inspirée de ces cafés-librairies que l'on trouve aux États-Unis. Et puis, l'engouement est peu à peu tombé, je ne sais pas trop pourquoi. Les jeunes préfèrent les écrans à la lecture, et la concurrence des livres numériques commence à se faire sentir : même mes vieux clients passent à la liseuse, parce qu'ils peuvent agrandir la taille des caractères. Pour tout vous dire, j'hésite à vendre la librairie, mais je m'accroche encore, je ne sais pas pourquoi. Sans doute parce qu'il m'est difficile de lâcher prise, de tourner définitivement cette page de ma vie. Alors je suis là, perdue dans ma comptabilité, à attendre des clients qui ne viennent que trop rarement. Il y en a un peu plus en été, mais, comme vous pouvez le constater, il n'y a pas foule non plus. Et au fond, je n'ai qu'une envie, c'est de rejoindre mon Darius sur son voilier…

À ces mots, son regard se perd dans le vague. On sent que, dans sa tête, elle est en train de naviguer aux côtés de ce mari au prénom exotique.

— Pourquoi n'engagez-vous pas une auxiliaire pour vous libérer du temps ? À moins bien sûr que ce ne soit une question de coût. Avec les difficultés que rencontrent les librairies indépendantes aujourd'hui, j'imagine que ça ne doit pas être évident…

— Oh non ! Ce n'est pas le problème. Vous n'allez peut-être pas me croire, mais ma vie est un cliché, un merveilleux cliché ! Darius est ce qu'on appelle un riche armateur. D'ailleurs, ces deux mots, « riche » et « armateur », vont toujours ensemble, non ? Je n'ai jamais entendu parler d'un « pauvre armateur »… Bon, ce n'est pas Aristote Onassis non plus, mais disons que j'ai parfois l'impression d'être Jackie Kennedy, ajoute-t-elle en riant. Pourtant, ne croyez surtout pas que je l'ai choisi pour sa fortune !

— Ne vous inquiétez pas, je ne crois rien de tel !

— Quand je l'ai rencontré, ici même, habillé comme un clochard, il était à la recherche de la série des *Aubreyades,* de Patrick O'Brian. Vous connaissez ? Une vingtaine de romans historiques sur la navigation. C'est l'amour de la lecture qui nous a rapprochés. Il ne m'a révélé sa profession que plus tard… Je pense qu'il se méfiait. Il avait eu son lot de femmes intéressées seulement par son porte-monnaie. C'est aussi l'une des raisons pour lesquelles je ne me résous pas à lâcher la librairie. Elle me donne la sensation d'être indépendante financièrement, d'avoir mon truc à moi. C'était tellement important, après ce premier mariage désastreux… Bon, je m'épanche un peu trop, là… C'est un peu mon défaut, ajoute-t-elle en riant.

— Non, au contraire ! C'est agréable de rencontrer des gens ouverts… ce n'est pas si fréquent de nos jours !

— Vous m'avez juste demandé pourquoi je ne prenais pas une auxiliaire pour m'aider ? Eh bien, l'an passé, lorsque les choses sont devenues sérieuses entre Darius et moi, j'ai engagé une étudiante pour me remplacer l'après-midi pendant la saison, mais cette année elle a terminé ses études et trouvé un emploi. Sa remplaçante m'a lâchée après une semaine, elle trouvait le job trop ennuyeux et a préféré aller vendre des fards à paupières chez Séphora, soupire la libraire.

Depuis que j'ai posé la question, une idée s'insinue dans ma tête, y creusant son chemin tandis que la sémillante quinquagénaire me fait le récit de son bonheur conjugal retrouvé.

— Vous cherchez toujours quelqu'un pour vous aider ?

— Oui, pourquoi, ça vous intéresse ? Vous avez déjà travaillé dans les livres ?

Je lui résume brièvement ma carrière professionnelle. Elle a l'air impressionnée.

— Mais, vous savez, ce n'est pas bien payé du tout... Même si Darius a les moyens, je mets un point d'honneur à n'utiliser que les revenus de la librairie pour payer mes employés. Et puis, vous risquez de vous ennuyer, après le rythme trépidant de la vie parisienne...

— Un petit salaire fera l'affaire pour le moment. Comme vous l'avez sûrement compris, je vis chez ma mère, dis-je en brandissant le livre qu'elle vient de me conseiller, et un boulot me permettrait de sortir un peu de chez elle... Quant au rythme trépidant, je crois que j'ai suffisamment trépidé pour toute une vie !

— La jeune femme de ce livre tient un peu le même raisonnement que vous, mais son domaine, c'est plutôt la cuisine.

Je ris et lui rétorque :

— Vu mes talents culinaires, je pense que le domaine du livre est un choix moins risqué.

Elle rit aussi, et me tend la main.

— Éliane Dufour, enchantée.

— Claire Moulis. Vous souhaitez que je commence quand ?

La main de la libraire se ramollit dans la mienne avant de se retirer.

— Claire Moulis... Vous n'aviez pas une sœur ?

— Une sœur ? Non, je suis enfant unique…

Elle semble se rembrunir tout d'un coup. Est-ce mon imagination ?

— Excusez-moi, j'ai dû me tromper… Lundi 13 heures ? Pour une petite formation ? Venez avec votre CV.

— Marché conclu !

— À lundi, Claire.

— Oui, bon week-end, madame Dufour.

— S'il vous plaît, appelez-moi Éliane.

Quel coup de chance ! J'arrive à peine à y croire. J'ai déjà la main sur la poignée de la porte quand je m'aperçois que, dans ma joie d'avoir décroché un travail alors que je venais simplement chercher un livre pour tromper l'ennui, j'ai oublié de payer. Le rouge me monte aux joues.

— Mon Dieu, je suis désolée, je n'ai pas encore commencé à travailler chez vous et j'ai déjà failli vous voler.

Éliane sourit :

— Ne vous inquiétez pas, ça arrive. Et puis, vous savez quoi ? Je vous l'offre, cadeau de bienvenue !

— Non, mais je ne peux pas accepter. Je suis confuse…

— Tsss, tsss… pas de chichis avec moi ! Vu le salaire modeste que je propose, mes auxiliaires ont droit à un bouquin de temps en temps. J'agissais pareil avec mon étudiante. Et puis, vous voyez la boîte près de la caisse ? Ce sont les livres d'occasion. Si vous n'avez plus usage du livre après lecture, vous pourrez toujours le rapporter ici, pour qu'il connaisse une deuxième vie.

— C'est une excellente idée ! J'évite d'accumuler, en ce moment, aussi je ne manquerai pas de vous le rapporter !

— Vous ne souhaitez pas envahir l'espace de votre mère, j'imagine…

Si vous saviez… Cependant, ce n'est pas le moment de confier à cette dame si sympathique, ma future patronne, les travers d'Anne-Lise. D'autant que la cloche de la porte vient de tinter, annonçant des clients.

Je prends congé d'Éliane et sors en croisant les deux jeunes femmes qui sont entrées dans la boutique, lunettes de soleil relevées sur le sommet de la tête et panier de plage au bras. Alors que je referme la porte, je les vois se diriger automatiquement vers la pile des best-sellers. Je comprends pourquoi la libraire a choisi de mettre en avant ces auteurs-là ! En été, la plupart de ses clients sont des vacanciers, qui ont hâte d'aller bronzer et n'ont pas envie de perdre du temps dans la pénombre de la petite librairie à chercher la perle rare. Peut-être ne lisent-ils que pendant leurs vacances et préfèrent-ils se diriger vers ce dont tous les médias parlent plutôt que de choisir par eux-mêmes. Je n'ai pas la prétention de vouloir changer cela, mais pourtant…

Il en existe, de ces librairies indépendantes où l'on prend vraiment le temps de vous conseiller, de vous orienter vers d'autres choix, qui laissent les grandes surfaces mettre en avant les best-sellers et où l'on vous donne à découvrir des lectures peut-être moins trépidantes, mais plus nourrissantes, des lectures qui changent la vie. Et si l'on créait le *slow reading,* un mouvement sur le modèle du Slow Food, créé en réaction aux McDonald's et autres enseignes de restauration rapide ?

12

Fière d'avoir dégoté un travail six après-midi par semaine, et soulagée d'avoir une raison de m'extraire quotidiennement de l'atmosphère confinée de la maison maternelle, j'y retourne armée d'une énergie nouvelle, les bras chargés de victuailles appétissantes, dont quelques aubergines et poivrons farcis trouvés chez un petit traiteur. Pour célébrer mon nouvel emploi, j'ai aussi pris une bouteille d'un vin bio local qui m'a fait de l'œil. Produit par un couple de vignerons sur le domaine des Envies d'Eve, il m'a été recommandé par le vendeur.

Ma mère, loin de partager mon allégresse, a l'air de mauvaise humeur :

— En quel honneur, cette bouteille de vin ?

— J'ai trouvé un job ! Un temps partiel dans une librairie…

Anne-Lise sursaute.

— La librairie de Valras ? *Au Bonheur des Livres* ?

— Oui, tu connais ?

La contrariété d'Anne-Lise semble être montée d'un cran.

— De nom seulement. Je suis passée devant quelques fois. Ce n'est pas très ambitieux... L'édition, la librairie... Tu tournes en rond. Il y a autre chose dans la vie que les livres. Enfin, ce n'est que mon opinion. Au fond, si ça peut t'occuper un peu et t'éviter de te prélasser sur une chaise longue dans le jardin toute la journée, c'est une bonne idée ! aboie-t-elle.

Je prends sur moi. Je ne sais pas pourquoi je suis encore étonnée chaque fois que ma mère m'envoie des piques. Je n'arrive pas à comprendre pourquoi j'en suis affectée, pourquoi je n'arrive pas à faire abstraction, à être plus forte que ça. Pourtant, elle a réussi une fois de plus à réduire mon enthousiasme à néant. Avec elle, le mot « rabat-joie » prend tout son sens. C'est un véritable don chez elle, presque un superpouvoir.

Il est temps que je me mette à la recherche d'un chez-moi, d'un endroit où je ne serai plus à chaque instant à la merci de ses jugements à l'emporte-pièce.

J'essaie de détourner la conversation vers elle :

— Et toi, comment s'est passée ta matinée ?

— J'ai tenté de faire un peu de tri dans ma chambre. Tu veux m'aider cet après-midi ?

J'hésite, mais finalement accepte. Son désir de mettre un peu d'ordre est réel, et je me dois de lui donner une dernière chance. Ça aura aussi le mérite de la détourner de mes affaires pour s'occuper des siennes. Cela dit, si comme l'autre jour elle s'emporte, elle se passera de mon aide.

Je comprends pourquoi mon ancienne chambre est devenue une sorte de dressing : les armoires de ma mère sont pleines à craquer. Il y a des années que je n'étais pas entrée dans cette pièce. Même quand je vivais chez elle, Anne-Lise n'aimait pas que je pénètre dans ses « quartiers privés ».

Tout à coup, je m'aperçois que quelque chose manque dans cette maison. C'est en parcourant du regard la chambre de ma mère que vient de me frapper l'absence totale de photos de famille. Aucun cliché de ma mère, aucun de moi, de nous. Je ne peux m'empêcher de lui poser la question :

— Tu n'as aucune photo ?

— De quoi ?

— De nous !

Ma mère regarde autour d'elle, surprise, comme si elle ne connaissait pas la réponse à cette question, et concède avec réticence :

— C'est vrai… Mmm, je dois avoir des albums, quelque part…

Abandonnant le sujet, nous nous mettons au travail, et ma mère me surprend par sa volonté à faire un effort. Rapidement, nous remplissons deux énormes sacs poubelles de vêtements qu'elle admet être démodés ou plus à sa taille. Je suis même fière de ses progrès. Alors qu'elle s'absente pour aller chercher un troisième sac, je sors une pile de pulls et fais tomber de l'étagère une boule de naphtaline qui roule sous le lit. Il me semblait qu'on ne vendait plus ce genre d'antimites bourrés d'insecticide. Elle doit être là depuis des dizaines d'années ; d'ailleurs, elle ne dégage même plus son odeur désagréable et si caractéristique. En me penchant pour la récupérer avec une feuille d'essuie-tout, j'aperçois une grande boîte en plastique. Je soupire. Ma mère trouve même le moyen de stocker sous son lit. Je ne sais pas ce qu'en penserait un spécialiste de feng shui, mais sûrement rien de bon, une histoire d'énergie qui ne peut plus circuler. Sous le couvercle transparent, je remarque ce qui ressemble à des albums photos, et je me dis que j'ai enfin trouvé l'endroit où Anne-Lise garde ses souvenirs… et les miens.

J'ouvre la boîte et, au moment où je saisis le premier album, la voix stridente de ma mère me fait sursauter :

— Repose ça tout de suite ! Comment oses-tu fouiller dans mes affaires ?

Je me sens comme une petite fille prise en faute.

— Mais, je ne pensais pas… On parlait des albums photos tout à l'heure, alors quand j'ai trouvé cette boîte en ramassant une boule de naphtaline qui avait roulé sous le lit, je me suis dit que j'avais enfin mis la main sur les fameux albums.

— Sors de cette chambre. Je terminerai toute seule. Et ne t'avise plus jamais de fouiller dans mes affaires.

Je suis atterrée. Je retourne dans ma chambre et me mets à pleurer. Je me demande ce qu'il pouvait bien y avoir dans cette boîte pour que ma mère se mette dans un tel état. Pourquoi refuse-t-elle que je voie ces albums photos ? C'est pourtant de mon enfance qu'il s'agit. Si elle les a relégués sous son lit, c'est sûrement parce qu'elle ne les regarde jamais. Je suis partie, et c'est comme si je n'avais jamais existé. Loin des yeux, loin du cœur.

C'est l'attitude que j'ai eue, moi aussi, envers elle, mais je suis la fille et elle est la mère. N'est-ce pas le propre des enfants d'être ingrats et celui des parents de regretter le départ de leur progéniture ? Ma mère possède-t-elle ne serait-ce qu'une once d'amour pour son enfant unique ? Je commence à croire que notre relation est au-delà de toute possibilité de réparation. Avec elle, même la meilleure volonté ne suffit pas.

13

23 juin

J'ai eu un mauvais début de journée. C'est dimanche, ce jour honni où, à Paris, on a déjà la nostalgie d'un week-end pas encore achevé. Ici, c'est différent : pour les touristes en vacances, dimanche est un jour comme les autres. J'ai décidé de me rendre sur la plage avec ma serviette, comme une vacancière parmi les autres, et tant pis pour le monde, que j'ai eu plutôt tendance à éviter ces derniers temps. Pas question de rester chez Anne-Lise et de prêter le flanc à ses remarques assassines.

En voyant les gens rire et s'amuser autour de moi, je me prends à regretter la vie à laquelle j'ai tourné le dos. Une espèce de bouffée de regret désagréable sous forme de flash-back. Des doutes sur le bien-fondé de mon choix m'assaillent d'un coup, alors que j'étais plutôt en paix avec ma décision jusque-là. Qu'ai-je gagné au fond, me dit une petite voix malveillante dans ma tête, en quittant tout pour retourner dans le Midi ? Une mère acariâtre, une chambre encombrée et un petit boulot mal payé ? J'ai tout lâché pour ça ? Pour cette solitude sans fin ? J'en viens même à regretter les rencontres en ligne et mes collègues de boulot, avec qui, au moins, je pouvais avoir des discussions intéressantes.

J'effectue un geste que je m'étais interdit depuis mon départ : je sors mon téléphone et je clique sur l'application Facebook, que je n'ai jamais eu le courage de supprimer. Pendant une heure, j'observe mon fil d'actualité, j'épie tout ce qui se passe dans la vie de ces gens que j'ai volontairement laissés derrière moi. Des clichés et des statuts qui me serrent le cœur. Sur la page des éditions que j'ai quittées, les projets de couverture de la collection « Parissimo ! ». Ils ont donc décidé de sortir les deux premiers d'un coup pour la rentrée, le Victor Hugo et le Warhol et Basquiat, un choix stratégique logique pour lancer une collection. Les couvertures sont exactement comme je les avais imaginées, pop et attrayantes, même si je n'aurais pas choisi cette police d'écriture pour le titre. La graphiste a dû avoir le dernier mot. J'ai du mal à me dire que tout cela ne me concerne plus, que ce n'est plus mon affaire, plus mon quotidien.

Sandrine annonce également ses fiançailles avec Laurent, à croire que le succès appelle le succès, dans tous les domaines. En gros plan, une photo de la bague avec un diamant de taille plus que décente. Laurent travaille dans la finance, ça paye bien… Tout semble lui réussir. La dernière photo, dans laquelle elle identifie les copines du boulot, montre des cocktails, spritz et mojitos. Je reconnais l'endroit, un pub dans lequel nous sortions parfois le soir avec les graphistes, et Marisa quand elle était bien lunée.

Je suis tout d'un coup saisie par une crise aiguë de FoMO[1], cette peur de rater quelque chose d'important, ce sentiment douloureux d'une opportunité manquée. Nourri par les réseaux sociaux, ce syndrome des temps modernes nous met dans un état d'insatisfaction permanente, car nous avons instantanément envie, où que nous soyons et avec qui que nous soyons, d'être dans cet endroit où nous ne sommes pas, avec ces gens qui ont l'air de tellement s'amuser. Cela faisait longtemps que je n'avais connu une telle sensation de manque. Ces réseaux sociaux sont vraiment un poison, une dangereuse addiction.

Je sais pourtant que l'envers du décor n'est pas fourni avec la photo. La nouvelle collection « Parissimo ! », l'ascension professionnelle et les fiançailles sont les succès que Sandrine a choisi de mettre en avant. Les réseaux sociaux servent à montrer au monde les moments de bonheur, la façade, les apparences, et l'on peut facilement se faire prendre

1. *Fear of missing out.*

au leurre. Toute existence humaine connaît pourtant son lot de frustrations, de tristesses et d'angoisses qu'on décide rarement de partager, à l'exception de ceux qui veulent attirer la compassion en déballant leurs malheurs. Quel est le sens de vouloir à tout prix faire envie ou pitié ? De mesurer la valeur de sa vie par un nombre de like ? Le vieux dicton « pour vivre heureux, vivons cachés » me paraît l'expression d'une sagesse oubliée.

Et ces soirées, ces cocktails entre collègues, je suis bien placée pour savoir que ce n'était pas les moments de liesse que les images veulent faire croire. Il fallait marcher sur des œufs à cause de Marisa, on faisait semblant de s'entendre, d'être une équipe. Même si nous partagions parfois de bonnes rigolades, ça n'effaçait jamais totalement les rivalités, la pression du boulot, le stress du rendement. Le nier serait avoir la mémoire bien courte.

Mon FoMO passe aussi vite qu'il est venu, d'autant que je manque d'être assommée par un frisbee. Un petit garçon, cinq ou six ans à première vue, vient s'excuser. Il me demande comment je m'appelle :

— Claire, et toi ?

— Nolan, et mon frère, là-bas, c'est Kévin. Et toi, t'es toute seule ?

— Eh bien, oui, tu vois…

— C'est un peu triste. Tu veux venir jouer avec nous ?

Voici le jugement d'un petit garçon de cinq ans : elle est un peu triste, ma solitude. Sans doute a-t-il raison. En effet, c'est un peu triste, mais peut-être beaucoup moins que de vivre sa vie dans l'attente de l'approbation des autres *via* les réseaux sociaux.

Me surprenant moi-même, moi qui n'aime pas les enfants et leurs jeux bruyants, je me lève.

— D'accord !

Le reste de l'après-midi se passe à jouer au frisbee et à construire un château de sable avec mes nouveaux copains, Nolan et Kévin, dont les parents sont bien trop occupés à consulter l'écran de leur téléphone pour nous prêter attention. J'en oublie très vite Sandrine, Marisa et les autres. Ce château, aux fières tours de sable ornées de coquillages, dans la réalisation duquel les deux garçons et moi mettons tout notre enthousiasme et notre énergie, est là pour lui-même, pour le plaisir que le voir s'ériger nous procure, pour la joie de bâtir quelque chose d'éphémère, qui partira avec la prochaine pluie, avec une vague un peu plus haute ou sous les pieds d'autres enfants. Je repense à Notre-Dame… À l'échelle des temps géologiques, les plus de huit cents ans d'existence de la cathédrale ne représentent qu'une toute petite fraction de seconde, guère plus que l'espérance de vie de ce château de sable… ou que celle d'un être humain.

14

24 juin

Ce matin, à dix heures pile, j'attends devant la librairie qu'Éliane vienne ouvrir la boutique, à la fois enthousiaste et morte de trouille à l'idée de commencer un nouveau boulot. Une fois arrivée, elle m'explique patiemment le fonctionnement de la caisse, les commandes, le réassort, les retours, le système de classement dans les rayons… Beaucoup d'informations nouvelles, que je note dans un petit carnet, ne faisant pas totalement confiance à ma mémoire.

Éliane estime que les clients vont désormais venir un peu plus nombreux, les vacances scolaires ayant officiellement commencé. Je lui expose un début d'idée qui tourne dans ma tête depuis samedi :

— Si j'ai bien compris, le problème de la librairie n'est pas la haute saison, où tu as toujours quelques touristes, mais après, quand ceux-ci sont rentrés chez eux ?

— Oui, c'est exactement ça !

— Donc, ce sont les lecteurs locaux que tu as de la peine à attirer ici ?

— Oui, comme je te disais, au début de la librairie, je servais le thé et le café, mais ça n'a plus l'air de suffire. À un moment donné, j'avais même une amie qui me fournissait en cupcakes, ça a marché un temps, et puis la mode des cupcakes a passé…

— Mmmm… J'ai quelques petites idées, peut-être plus interactives que le café-cupcakes…

Je me trouve gonflée d'intervenir pour lui suggérer des changements alors que je n'ai pas encore terminé ma journée de formation, mais c'est plus fort que moi.

— Je suis curieuse d'en entendre plus, mais pour le moment il faut que je t'explique comment faire la caisse ce soir. Cet après-midi, Darius sort le voilier et j'ai bien l'intention de l'accompagner.

— Tu veux dire que… tu me laisses gérer la boutique seule ? Pour mon premier jour ?

— Tu devrais très bien t'en sortir. J'ai toute confiance en toi, m'assure Éliane.

En effet, je ne m'en sors pas si mal, même si je ne sais plus par moments où donner de la tête. Ce n'est pas que la librairie croule sous le nombre de visiteurs, mais je dois à la fois renseigner les gens, encaisser leurs achats, passer les commandes chez le diffuseur et faire le réassort dans les rayons. Je n'ai pas une minute pour souffler. J'imagine que les choses prendront moins de temps avec l'habitude, et j'aurai peut-être le loisir de réorganiser un peu la petite librairie pour la rendre plus attrayante. Au moins, je suis au milieu des livres, et je me sens bien plus utile ici, à renseigner les clients, que je ne l'étais à publier des manuscrits qui étaient souvent loin de me convaincre.

À la fin de la journée, peu avant la fermeture, j'ai même droit à la visite d'un charmant jeune homme brun, plus jeune que moi de peut-être quatre ou cinq ans, qui me dit chercher « un polar intelligent, dans le genre du *Nom de la rose,* d'Umberto Eco ». Je pense immédiatement à l'auteur anglo-saxon Iain Pears et à son *Cercle de la croix,* qui m'avait bluffée dans ma jeunesse, mais je m'aperçois qu'Éliane ne l'a pas. Je note mentalement de le commander. Heureusement, une autre idée me traverse l'esprit, et je mets dans les mains du jeune homme un exemplaire de *la Caverne des idées,* de l'Espagnol José Carlos Somoza, l'enquête d'une sorte d'Hercule Poirot à l'époque de Platon. Le jeune homme a l'air convaincu que c'est ce qu'il lui faut, me gratifie d'un immense sourire et, au moment où je me demande si ce serait déplacé de lui demander s'il a des projets pour la soirée, me lance :

— Ma copine va être contente, elle a lu tout Umberto Eco et est désespérée de ne pas savoir comment elle va le remplacer maintenant qu'il est mort.

Évidemment, il ne pouvait pas être célibataire ! Je masque ma furtive déception et lui réponds :

— Je suis persuadée qu'elle va aimer ! Et je commande le Iain Pears dont je vous ai parlé. Si vous êtes en vacances dans le coin, n'hésitez pas à repasser avec elle quand elle aura fini celui-ci !

Le jeune homme me salue et prend congé.

Il est l'heure de compter la caisse. Je tremble à l'idée d'avoir fait une erreur, mais, par miracle, elle tombe juste. Une fois le fond de caisse déduit, le montant du tiroir correspond au centime près au total des tickets. Je suis soulagée. Je mets la recette du jour dans une trousse et l'enferme dans le petit coffre mural que m'a montré Éliane. Elle m'a expliqué qu'elle passait deux ou trois fois par semaine à la banque pour y déposer le contenu du coffre. Je suis honorée de la confiance que m'accorde cette femme, qui, dès le premier jour et sans me connaître, me confie la responsabilité de la caisse et la combinaison du coffre.

Je mets cette marque de confiance en balance avec l'attitude de ma mère, qui a failli me sauter à la gorge quand j'ai sorti la grande boîte en plastique de sous son lit. Je me demande ce qu'elle peut contenir de si secret pour qu'elle se mette dans un tel état.

Au moment où je m'apprête à quitter la librairie, le téléphone sonne. J'hésite à ne pas répondre, puis je me dis qu'il s'agit peut-être d'Éliane qui veut savoir comment ma journée s'est déroulée.

— Librairie *Au Bonheur des Livres* ?

— Claire, c'est Éliane ! Ça s'est bien passé ? Tu t'en sors avec la caisse ? Sinon, je peux faire un saut pour t'aider. On vient d'arriver à quai avec Darius. Je peux être à la boutique dans une vingtaine de minutes.

— Merci, mais tu n'as pas besoin de te déplacer, la caisse est comptée, et le compte est bon ! Il y a eu pas mal de monde, c'était super…

— Je savais que tout se déroulerait à merveille. J'appelais juste parce que j'ai été prise d'un petit sentiment de culpabilité à l'idée de t'avoir laissée te débrouiller toute seule… Demain, 14 heures, pour l'ouverture de l'après-midi ? Si tu veux, viens plus tôt, à midi. On ira manger ensemble dans un petit resto pas loin et tu pourras me raconter tes impressions de la journée !

— J'y serai, tu peux compter sur moi ! Et, Éliane…

— Oui ?

— Merci infiniment !

— Pour quoi ?

— Pour tout.

Je raccroche avec une gratitude immense. Je rentre chez ma mère en songeant que, grâce à Éliane, je vois enfin une porte de sortie. Ce travail ne va certes pas à lui seul me permettre de vivre, mais il donne un sens à mes journées, l'espoir d'un nouveau départ.

15

10 juillet

Ce soir, Anne-Lise n'est pas là. C'est la première fois, depuis mon retour, que je me trouve seule à la maison. Il me semble qu'elle m'avait dit quelque chose ce matin à propos d'une soirée de bridge mensuelle. J'avoue que je n'ai pas tout écouté. Comme je ne sais jamais ce qui risque de me tomber dessus quand ma mère commence à parler, j'ai tendance à me mettre dans une bulle de protection, à filtrer les informations, voire à décrocher.

J'ai laissé mes pensées voguer vers mon nouveau boulot. Un peu plus de deux semaines depuis que j'ai commencé, et Éliane me donne presque carte blanche. J'ai donc entrepris un grand nettoyage des lieux. En vraie fée du logis, j'ai dépoussiéré les étagères et les livres, nettoyé les vitrines et fait briller le vieux parquet à la cire. Éliane a un peu tiqué à cette dernière initiative, elle a peur que les clients, avec leurs tongs, glissent et s'étalent entre les classiques et les polars. En revanche, elle a été enthousiaste à l'idée d'égayer l'endroit avec deux ou trois plantes vertes bien placées. J'avoue que j'ai eu bien plus de plaisir à rendre la librairie pimpante et à en réorganiser les rayons en déstockant quelques vieux best-sellers tombés dans l'oubli qu'à tenter de trier le foutoir de ma mère, qui d'ailleurs ne me laisse plus m'en approcher.

Contre toute attente, Anne-Lise a quand même un semblant de vie sociale : ses séances de bridge avec les copines, une fois par mois. Je ne sais pas si elles ont un lieu attitré pour cela ou si les séances se tiennent chez l'une ou l'autre à tour de rôle, et je me demande comment elle justifie le fait de ne jamais inviter ses amies chez elle. Prétexte-t-elle des travaux, un lieu de vie trop petit ou, en ce moment, la présence de sa fille ? Je ne le saurai jamais, et au fond ce n'est pas mon problème, pas plus que ne l'est cette boîte en plastique, sous le lit de ma mère, dont l'ouverture l'a fait réagir comme si on violait son intimité.

Je profite de ma solitude pour m'installer sur la terrasse avec une tartine de rillettes et un verre du vin rouge des Envies d'Eve. Ce dernier provient d'un seul cépage, la syrah, et il se nomme Désobéir. Cette injonction me ramène à cette fichue caisse sous le lit de ma mère. Elle contient des albums photos. Cela m'intrigue. J'ai très peu de souvenirs de mon enfance, ma mère n'étant pas du genre à prendre des clichés à tout bout de champ. Les quelques-uns que je possède, décolorés par le temps, ont été pris les grands jours, comme à mon anniversaire ou à Noël, à l'aide d'un Kodak à développement instantané.

Peut-être y a-t-il dans ces albums des photos de mon père, ce père qu'elle n'a jamais voulu que je contacte et dont elle m'a annoncé la mort le jour où j'avais décidé de passer outre ses desiderata. S'il existe des photos de lui, à part les deux ou trois qu'elle a daigné me montrer au fil des années, c'est mon droit le plus légitime d'en prendre connaissance. C'est ainsi que je justifie mon acte lorsque, quelques minutes plus tard, je me retrouve devant la porte de la chambre de ma mère, qui est fermée à clé. Elle a vraiment pris toutes ses précautions pour protéger ce qu'elle refuse que je voie. Loin de me décourager, cet acte de méfiance attise ma curiosité. Comment chercher une clé dans un endroit aussi plein de choses que cette maison ? Si ça se trouve, elle l'a prise avec elle.

Un souvenir jaillit soudain. Lorsque j'étais ado, je fermais souvent ma propre chambre à clé quand je n'étais pas à la maison, par esprit de rébellion. Je voulais protéger mon espace contre une mère qui avait l'habitude de tout envahir. Cela la rendait furieuse. Elle m'avait annoncé que, si un jour je perdais la clé et me retrouvais enfermée dehors, je n'aurais qu'à dormir dans le couloir. Forcément, j'ai fini par égarer la fameuse clé. Je l'avais embarquée un jour dans mon sac de plage, et j'avais dû l'expédier dans le sable en sortant ma serviette. Pire qu'une aiguille dans une botte de foin… Je n'ai pas eu d'autre choix qu'avouer la vérité à Anne-Lise, qui a tenu parole : la nuit suivante, je dormais sur le canapé — et non dans le couloir devant ma porte, quand même —, où je m'étais réfugiée en fulminant à la fois contre ma négligence et contre l'intransigeance de ma mère. Le lendemain, elle avait quand même eu pitié et m'avait donné le seul double existant, qui se trouvait sur un jeu de clés dans le tiroir fourre-tout de la commode de l'entrée. Inutile de préciser que, depuis ce jour, j'avais laissé cette clé dans la serrure, du côté intérieur, me contentant de m'enfermer quand j'étais dans ma chambre. La probabilité qu'une seconde clé de la chambre de ma mère se trouve au même endroit est élevée. Quelques minutes de fouille, à soulever des rallonges, des ampoules de rechange et des piles — dont certaines, usagées, laissent échapper un liquide brunâtre et collant au fond du tiroir —, me livrent le trousseau des doubles.

Trois secondes plus tard, je suis assise sur la moquette au pied du lit de ma mère, verre de vin à portée de main, en train d'ouvrir la fameuse boîte que j'avais pour ordre de ne surtout pas toucher.

Je feuillette le premier album. Des photos de moi dans les bras d'Anne-Lise, peu après ma naissance. Fait notable, elle a l'air heureuse, épanouie. Je ne l'ai jamais vue comme ça. Mon père est à ses côtés. Une paire de moustaches très années 80, l'air d'un homme plutôt jovial et en bonne santé. Sans doute n'avait-il pas encore cédé à l'appel des sirènes de l'alcool. Ma mère m'a donc menti toutes ces années en me disant que mon père était parti avant ma naissance ! Je n'ai pourtant pas le moindre souvenir de lui… Tout l'album est composé de photos de moi, de la naissance à 3 ans, puisque l'une des dernières photos me montre devant un gâteau d'anniversaire garni de trois bougies.

Je sais que les photos peuvent être trompeuses, autant sur un vieil album que sur Facebook, mais tout montre un bonheur familial dont j'étais loin d'imaginer qu'il avait un jour existé.

L'album suivant, celui d'avant ma naissance, retrace en images la rencontre de mes parents et leur mariage, celui d'un couple à l'air heureux, épanoui. Je me raisonne. Bien sûr que toute rencontre commence comme ça, comme un conte de fées. Sinon, personne ne se marierait. Pourtant, je me serais attendue à trouver chez ma mère le masque d'amertume dont je ne l'ai jamais vue se départir, et chez mon père les stigmates de l'addiction qui a fini par l'emporter. Rien de tout cela sur les photos, juste l'image d'un bonheur simple et sans ombre. Je ne peux m'empêcher de me demander si c'est ma naissance, ma simple présence, qui a éteint le bonheur de ce couple et corrompu leur joie de vivre. Cette idée est horrible à envisager. Pourtant, comment expliquer qu'après ces deux albums-là ma mère se soit contentée de quelques polaroïds qu'elle ne s'est jamais donné la peine de classer ? Certains étaient négligemment fixés sur le frigo avec un aimant, d'autres traînaient sur le buffet, quelques-uns étaient (et sont encore) en ma possession, mais aucun n'était collé avec soin dans un bel album.

Sous les deux albums, il y a un petit paquet emballé dans du papier de soie. J'écarte délicatement le papier et découvre un petit body rose en mailles et une paire de chaussons. Pourquoi ma mère les a-t-elle gardés ? Les a-t-elle tricotés elle-même ? Les émissions de téléachat l'ont conduite à diverses marottes, mais je n'ai jamais vu ma mère en train de manier des aiguilles. Est-ce un hobby qu'elle avait quand j'étais toute petite et qu'elle a ensuite abandonné ? C'est tout à fait possible… Je retourne à la boîte, dans laquelle il n'y a plus grand-chose, juste un petit bracelet d'hôpital et une mèche de boucles blondes. Je suis touchée de voir qu'elle les a conservés. Ainsi, ma mère m'aimait, quand j'étais bébé. Je ne sais pas à quel moment tout cet amour s'est envolé, comment j'ai pu la décevoir en cours de route, mais les preuves de son attachement sont là, dans ces photos soigneusement collées, dans ce body et ces chaussons tricotés avec soin, dans cette mèche de cheveux pieusement conservée. J'en suis émue.

J'aurais pu arrêter là ma prospection, me souvenir de ce dicton anglais à propos de la curiosité qui tue le chat, refermer la boîte et la glisser sous le lit, puis retourner sur la terrasse avec mon verre de vin et laisser la soirée se dérouler doucement dans les derniers rayons du soleil déclinant. Mais voilà, il restait une enveloppe tout au fond de la boîte. Mon intuition s'est mise à crier de ne pas y toucher, que son contenu ne me regardait pas. Je ne l'ai pas écoutée. J'ai ouvert l'enveloppe et lu le premier document qui se trouvait dedans. Un acte de naissance. Un nom qui n'est pas le mien.

Justine Moulis, née le 26 août 1981.

Un froid glacial me saisit. D'une main tremblante, je déplie le second document. C'est un certificat de décès. Morte le 15 septembre 1984. À peine plus de 3 ans.

Fébrilement, je reprends les albums à la recherche d'un indice, d'une preuve… et finis par trouver. Sur une des photos, mon père est assis dans un fauteuil du salon et me tient dans ses bras. La pièce n'a guère changé, si ce n'est que, sur le cliché, elle n'est pas encombrée. On n'est certes pas dans l'intérieur épuré d'un *ryokan* japonais, mais dans une maison normale, pas encore envahie par les achats compulsifs d'Anne-Lise. En veillant à ne pas abîmer la photo, je la sors des coins adhésifs qui la maintiennent dans l'album pour la regarder de plus près. Une date est notée au dos : 6 décembre 1983. Je récupère les autres photos où j'apparais. Toutes portent une date comprise entre 1981 et 1984…

Je suis née en mai 1985.

La petite fille dans les bras de mon père, ce n'est pas moi. Le bébé des autres photos de l'album, ce n'est pas moi. Le body en mailles, ce n'est pas le mien, et la mèche de cheveux ne m'a jamais appartenu.

J'ai un haut-le-cœur. Il faut que j'aille prendre l'air. Je laisse tout tel quel, les albums ouverts et les photos en vrac sur la moquette, j'attrape mon verre et la bouteille, et fuis jusqu'à la terrasse, où je m'écroule, dévastée. Je remplis mon verre à ras bord avec le breuvage d'Eve, bien décidée à le boire jusqu'à la lie. Sur la table traîne un paquet de cigarettes que ma mère a oublié. J'en prends une et l'allume. Je n'avais pas fumé depuis deux ans.

Ce soir, j'ai découvert que je ne connaissais rien de mon histoire, de mon passé. Que ce bébé qui a eu pendant trois ans tout l'amour et l'attention de mes parents, ce n'est pas moi mais Justine, ma grande sœur. Que cette grande sœur est morte six mois avant ma naissance, qu'elle me ressemblait au point que j'aie cru que c'était moi et que ma mère n'a jamais jugé bon de mentionner son existence.

16

Quand Anne-Lise rentre enfin, j'ai bu plus de la moitié de la bouteille de vin et enchaîné les cigarettes, fichant en l'air en une soirée deux ans d'abstinence durement gagnés. Après quelques minutes, elle me rejoint sur la terrasse. Devant son expression de colère mal contenue et ses mains tremblantes, je devine qu'elle est passée par sa chambre, que je n'ai pas pris la peine de refermer, et qu'elle a trouvé la boîte ouverte et son contenu étalé sur la moquette.

— Tu n'as pas pu t'empêcher… Pourquoi as-tu fouillé dans ma chambre ? Je te l'avais interdit ! Tu ne respectes rien, rien, rien !

— Je ne respecte rien ? Et toi, crois-tu que tu m'as respectée en me cachant un truc pareil, l'existence d'une sœur que je n'ai pas connue ? Ne penses-tu pas que j'ai le droit de connaître mon histoire ?

— Tu n'as aucun droit du tout ! C'est ma vie ! Cette histoire ne t'appartient pas ! Tu as tout sali avec ta curiosité. Tout ce que j'ai fait pour toi ne t'a donc pas suffi ?

Je m'emporte :

— Bien sûr que c'est aussi mon histoire ! Tu ne crois pas que j'ai le droit de savoir pourquoi je n'ai pas eu de père ? Et, à bien y réfléchir, pas de mère non plus, d'ailleurs…

Elle me regarde et porte les mains à son visage comme si je l'avais giflée.

— Tu es injuste, Claire. J'ai fait ce que j'ai pu… Tu n'as jamais manqué de rien. J'ai mis du pain sur la table, jour après jour. Je t'ai élevée, permis de faire des études…

Je n'ai pas envie d'entendre ses justifications. J'ai besoin d'apprendre l'histoire familiale. De connaître cette sœur dont je n'ai jamais entendu parler. Je veux savoir qui elle était, ce qui s'est passé et quelle est ma place dans cette famille, dont je n'ai pas connu la moitié des membres.

— Dis-moi qui était Justine et ce qui lui est arrivé. Tu me le dois.

Ma mère s'assied, prend une cigarette et se sert une rasade de vin dans mon verre. Je me dis qu'elle va enfin se livrer, me parler de cette sœur dont j'ignorais tout jusqu'à ce soir. Je me trompe. Elle me dévisage d'un regard froid, dénué de toute émotion, et jette :

— Sors de chez moi.

— Pardon ?

J'ai bien entendu, et pourtant j'essaie de me convaincre que j'ai mal compris.

— Sors de chez moi, de ma maison et de ma vie. Pars ! Maintenant !

Les larmes me montent aux yeux. Je tente de la raisonner. De négocier, du moins.

— Tu ne vas pas me mettre dehors à cette heure-ci ! Donne-moi du temps pour trouver un autre endroit… laisse-moi au moins dormir ici cette nuit…

Elle se lève et s'approche de moi, une lueur mauvaise dans les yeux, les lèvres si serrées qu'elles sont devenues blanches.

— Dégage ! Tout de suite. Prends tes affaires et fous le camp !

Elle a hurlé ces derniers mots en jetant le verre contre le mur de la maison, où le vin laisse une coulée rouge, comme du sang, mais un sang dilué, sans épaisseur, comme celui qui coule dans nos veines, à ma mère et à moi.

Ce dernier geste me tire de ma stupéfaction. Je me précipite à l'intérieur de la maison et je fais mes bagages. Cela ne prend que quelques minutes étant donné que je n'ai jamais eu la place de suspendre mes vêtements et que la plupart sont encore dans mes valises. Je pense à récupérer les draps et ma trousse de toilette. Je tremble en fermant mes bagages, ravalant mes larmes. Je refuse de me laisser aller à mes émotions ici, chez Anne-Lise.

Une fois devant la maison avec mes deux valises, j'appelle un taxi. À cette heure tardive, 23 heures passées, je ne suis pas sûre que les bus circulent encore. Il n'y a qu'un endroit où je puisse me rendre maintenant.

Le taxi me dépose devant la librairie et j'utilise mon jeu de clés pour entrer. Je n'allume pas ; inutile d'attirer l'attention sur ma présence dans la boutique pendant la nuit. Une voisine bien intentionnée pourrait alerter Éliane, et je n'ai pas envie qu'elle soit dérangée aussi tard. Il sera bien temps demain de lui avouer que je n'avais d'autre endroit où dormir. Je pousse la porte de la réserve, au fond du magasin, et m'allonge sur le sol. Avant de partir, j'ai glissé tout mon linge sale dans la taie d'oreiller. Je la récupère et la glisse sous ma tête avant de m'enrouler dans la housse de couette. Le sol est dur, mais au moins il est propre et il y a des toilettes.

Je ne sais pas comment je ferai demain. La précarité de ma situation me frappe soudain. Je suis, pour la première fois de ma vie, SDF.

Malgré le choc que je viens de subir, la fatigue des émotions me transporte vite aux frontières du sommeil. Au moment où je m'abandonne, me revient en tête une question d'Éliane lors de notre première rencontre : « Claire Moulis… Vous n'aviez pas une sœur ? »

Moulis est un patronyme originaire de l'Ariège, donc plutôt répandu dans la région. Elle a pu confondre ma famille avec une autre. Pourtant… l'utilisation du passé. J'étais focalisée sur le boulot que je venais de décrocher, mais ça aurait dû me mettre la puce à l'oreille. Éliane ne m'a pas demandé si j'ai une soeur, mais si j'en avais une. Demain, j'aurai quelques explications à lui fournir sur ma nuit à la librairie, mais également des questions à lui poser…

17

11 juillet

Je me réveille à l'aube, complètement endolorie après ma nuit sur le sol de la réserve. Je me lève péniblement, les membres rigides, la nuque douloureuse. À défaut de pouvoir prendre une douche, j'entreprends une toilette sommaire dans le lavabo des WC de la librairie, puis j'enfile des vêtements propres. Éliane n'ouvre la boutique qu'à dix heures. Pour tuer le temps, je sors de la librairie et me mets en quête du bistrot le plus proche pour prendre un café et un croissant. Le vin rouge et les cigarettes de la veille m'ont laissé la bouche sèche et le crâne douloureux. Il fait déjà chaud dans les rues de Valras. Il n'y a pas un souffle d'air. La journée s'annonce caniculaire.

Je suis dévastée par le secret que j'ai découvert, et les questions auxquelles ma mère n'a pas voulu répondre tournent dans ma tête, me donnant le vertige. J'ai été incapable d'avaler mon croissant, mais je commande un deuxième café en terrasse et, malgré une gorge douloureuse, allume la première cigarette du paquet que je viens d'acheter dans le bar-tabac. Les autres clients sont des gens sur le point de commencer leur journée de travail, pour la plupart des hommes, certains en tenue de chantier. Ils s'apprêtent à trimer toute la journée sous un soleil de plomb. Je relativise ma situation. Dans la librairie, au moins, il y a l'air conditionné… Serai-je capable cet après-midi de renseigner les clients et de ranger les rayons comme si de rien n'était ? Comme si j'avais un lieu vers lequel me diriger le soir, une fois ma journée de travail terminée ? Comme si je ne venais pas d'apprendre que toute ma vie est basée sur un mensonge ?

Je me redirige à pas lents vers la librairie. Il n'est que 8 h 45. Plus d'une heure avant qu'Éliane n'arrive et me trouve là. Je m'occupe en passant un coup de balai sur le sol et en redressant les piles de livres. Quand Éliane arrive enfin, elle ne cache pas sa surprise de me voir sur les lieux. Lorsqu'elle me pose la question, je fonds en larmes. Elle me prend aussitôt dans ses bras d'un geste maternel.

— Allons, allons… Qu'est-ce qu'il y a, ma chère petite ?

L'entendre me dire des mots si gentils, des mots que ma mère n'a jamais employés à mon égard, redouble mes larmes. Je mouille le joli corsage à motifs papillons d'Éliane et me confonds en excuses.

— J'ai dû dormir ici, dans la remise. Ma mère m'a mise à la porte, hier soir.

— Mais... Pourquoi ?

— Parce que j'ai fouillé dans sa chambre et je suis tombée sur un secret de famille.

— Oh...

Je m'écarte d'Éliane et l'observe. Elle n'a pas l'air surprise, plutôt embarrassée.

— Tu étais au courant, pour Justine ? La première fois que je suis venue à la boutique, tu m'as demandé si j'avais eu une sœur...

Éliane soupire.

— Oui, j'étais au courant. La première fois que tu es venue, quand tu m'as dit ton nom... Et puis, je sais que ce n'est sûrement pas ce que tu as envie d'entendre, surtout en ce moment, mais il y a une certaine ressemblance entre toi et Anne-Lise quand elle était jeune...

— Tu connais ma mère ?

— Oui, très bien, même... Quand tu m'as affirmé ne pas avoir eu de sœur, j'ai été troublée. Sur le coup, j'ai pensé que je m'étais trompée. Moulis n'est pas un nom de famille rare, par ici. Le lendemain, Anne-Lise m'a appelée à la boutique. Cela faisait plus de trente ans que je ne lui avais pas parlé. Elle m'a demandé de ne pas mentionner

Justine, car tu n'étais pas au courant. Elle était aussi contre l'idée que je t'engage, mais j'ai mis le holà. Je n'avais pas à me mêler de vos histoires de famille, même si j'étais plutôt scandalisée à l'idée qu'elle ne t'ait pas parlé de ta sœur, mais qu'elle te mette des bâtons dans les roues pour travailler chez moi, je ne l'acceptais pas. Je lui ai rétorqué que je t'engageais si je voulais et que, si cela ne lui convenait pas, elle n'avait qu'à t'en parler directement et t'expliquer pourquoi elle s'opposait à ce que tu travailles dans ma librairie.

— Qu'est-ce qu'elle t'a répondu ?

— Rien. Elle m'a raccroché au nez.

— Vous vous êtes connues comment ?

— C'est une longue histoire… Écoute, ce que je te propose, c'est d'accrocher sur la porte le petit panneau « de retour dans un moment » pour que nous ne soyons pas dérangées. Pendant ce temps, je vais nous préparer des cafés et deux tranches du cake que j'ai apporté, et puis je te raconterai ce que je sais…

18

— Anne-Lise et moi nous sommes connues en 1978. J'avais dix-sept ans, et depuis quelques mois je fréquentais Gilles, celui qui deviendrait deux ans plus tard mon premier mari. Ta mère et moi travaillions ensemble à Béziers, pour une enseigne de chaussures de la région. Après avoir connu de glorieuses années, l'entreprise a fini par être rachetée par une marque célèbre, puis démantelée et mise en liquidation au début des années 2000. La boutique de Béziers a fermé en 1998, mais cela faisait déjà longtemps que je n'y travaillais plus. Ta mère, elle, a été employée jusqu'à la fermeture du magasin, avant de se faire engager ailleurs. Mais j'imagine tu dois déjà être au courant de cette partie de l'histoire…
Ce que tu ignores, en revanche, c'est qu'Anne-Lise et moi, en plus d'être collègues, étions de bonnes amies. Nous sortions ensemble le vendredi soir après le travail pour boire l'apéro. Parfois, Gilles nous rejoignait. En 1980, ta mère a rencontré Bernard,

ton père. Il venait de Limoux et faisait partie de l'équipe de rugby à XIII. C'est lors d'une rencontre avec l'équipe de Béziers, à laquelle nous étions allées parce que des copains de Gilles en faisaient partie, que tes parents sont tombés amoureux. Ça a été le coup de foudre. Ils se sont mariés quelques mois plus tard, et ta mère s'est très vite retrouvée enceinte. Quand la petite Justine est née, en août 1981, ta mère m'a demandé si j'acceptais d'être sa marraine. J'étais moi-même mariée depuis un an et j'essayais aussi d'avoir un bébé. Je ne savais pas encore que ce n'était pas dans les cartes. Je pensais alors que ce n'était qu'une question de temps. J'ai accepté avec joie, sans l'ombre d'un sentiment de jalousie envers Anne-Lise. Justine était un bébé adorable, rose et joufflu, comme on les aime. C'était une enfant facile, qui a fait ses nuits rapidement. Tes parents étaient fous d'elle. En grandissant, elle est devenue une fillette ravissante, aux boucles dorées, qui savait charmer son entourage. Ça déchirait le cœur de ta mère de la laisser à la garderie la journée pour aller travailler, mais tes parents venaient de faire construire leur maison à Vendres et ils avaient besoin d'argent. Le week-end, ils allaient pique-niquer sur la plage, s'installaient pour la journée sous un grand parasol et jouaient avec la petite, qui a fait ses premiers pas sur le sable. Parfois, Gilles et moi les rejoignions. Je commençais à m'inquiéter, les mois et les années passant, de ne pas tomber enceinte. J'éprouvais un petit pincement au cœur chaque fois que je voyais ma filleule, cette petite poupée éclatante de santé, mais j'essayais de faire bonne figure devant Anne-Lise.

Et puis, un jour, tout ce bonheur a pris fin d'un coup. C'était un samedi, nous étions ensemble ce jour-là. Bernard avait acheté une petite bouée et des brassards pour Justine, estimant qu'elle avait l'âge maintenant de faire trempette dans la mer. Ainsi équipée, elle pouvait nous accompagner lorsque nous nous éloignions du rivage. Nous ne la lâchions pas des yeux, et rarement des bras. Elle poussait des hurlements de joie à chaque vague qui la soulevait et l'emportait quelques dizaines de centimètres plus loin. C'étaient de petites vagues, et nous suivions le mouvement pour rester auprès d'elle, prêts à la saisir au moindre problème. Quand une vague un peu plus haute que les autres est arrivée, Justine a commencé à gigoter et à hurler encore plus fort. Pas de frayeur, mais de joie, d'excitation. Je l'entends encore : « Youpi la h'ague ! Youpi la h'ague ! » Elle avait un de ces petits défauts de prononciation qu'aujourd'hui on court corriger chez l'orthophoniste, mais qu'à l'époque on trouvait juste charmants et amusants. La vague les a retournées d'un coup, elle et sa petite bouée. Ça n'a pas duré dix secondes ! Bernard, qui était le plus proche d'elle, l'a immédiatement attrapée et prise dans ses bras. Elle a toussé un peu, très peu, mais nous sommes quand même sortis de l'eau et l'avons séchée. Elle avait l'air d'aller bien, vraiment. Elle avait juste bu la tasse, rien de plus… Elle a joué dans le sable près de nous, puis s'est endormie un moment sous le parasol. On se disait que toutes ces émotions l'avaient fatiguée. En fin d'après-midi, nous nous sommes séparés. Le lendemain, Bernard m'appelait pour m'annoncer que Justine était morte.

Noyade sèche… Je ne crois pas que ce soit le terme médical exact. En réalité, la petite a souffert d'un œdème causé par l'eau qui avait pénétré dans ses poumons, un phénomène rare dont aucun de nous n'avait jamais entendu parler. C'était bien avant Internet. Bernard m'a raconté que Justine avait vomi sur le chemin de la maison, qu'elle avait l'air fatiguée. Ils ont mis ça sur le compte de la glace qu'ils avaient prise sur une terrasse de café après que nous nous étions séparés. Justine adorait la chantilly, et ils se sont dit qu'elle en avait peut-être mangé un peu trop. Ils ne se sont pas inquiétés. Ils l'ont juste mise au lit, où elle s'est endormie aussitôt sa tête posée sur l'oreiller… pour ne plus jamais se réveiller.

J'étais effondrée, et je n'osais pas imaginer dans quel état devait être Anne-Lise. J'ai essayé de l'appeler, les jours suivants, mais elle ne décrochait pas. Une fois, je suis tombée sur Bernard, qui m'a confirmé

qu'elle ne voulait parler à personne. Lors des funérailles, elle était lointaine, absente. J'ai essayé de la prendre dans mes bras, de lui offrir des mots réconfortants, mais elle est restée rigide et c'était comme si elle ne m'entendait pas.
Quand elle est revenue travailler à la boutique, quelques semaines plus tard, elle avait complètement changé. Elle était distante, repoussait toute tentative d'approche et toute démonstration de sympathie, de ma part comme de celle de nos collègues. Au fil des semaines, son comportement a changé. J'étais persuadée qu'elle attendait un enfant. Personne n'avait rien remarqué, mais moi si, sans doute à cause de ma situation : j'attendais depuis si longtemps de tomber enceinte que j'étais sûrement plus sensible que les autres à ces choses-là. Et puis, j'avais été à ses côtés lors de sa première grossesse. Elle avait alors développé une grande sensibilité aux parfums et un dégoût pour certains aliments, dont le café, qu'en temps normal elle adorait. Et là, à nouveau, elle ne buvait plus de café. Ça ne pouvait pas être un hasard. Alors, je lui ai posé la question. Elle s'est mise en colère violemment, m'a insultée, demandé comment je pouvais être aussi insensible… Elle m'a assuré que non, bien sûr, elle n'était pas enceinte, qu'elle ne le serait plus jamais et que, de toute façon, elle avait mis cet alcoolique de Bernard à la porte. Le soir même, j'ai appelé Bernard, qui m'a confirmé

que ta mère avait demandé le divorce. Ton père avait toujours eu tendance à lever le coude, mais cela restait principalement dans les occasions festives. Depuis la mort de Justine, il buvait comme s'il voulait se punir. Se noyer dans l'alcool comme la petite s'était noyée dans la mer. De l'intérieur.
J'aurais dû faire plus pour eux, mais elle ne me laissait plus l'approcher, et lui était au-delà de toute aide. Ou peut-être que ça m'arrangeait de le penser…
Gilles venait de décrocher un nouvel emploi à Lyon. Nous avons déménagé dans les semaines qui ont suivi. Par les collègues du magasin, j'ai appris ta naissance. Je ne m'étais donc pas trompée… J'ai essayé quelques fois, au début, de reprendre contact avec Anne-Lise, mais elle ne répondait jamais. Je me suis lassée. Peut-être aurais-je dû persévérer, mais je ne l'ai pas fait. J'avais mes propres problèmes. Mon incapacité à avoir des enfants avait été confirmée par le médecin : j'étais stérile. Mon couple a commencé à battre de l'aile. Gilles ne m'a jamais pardonné de n'être qu'une « demi-femme », selon ses propres termes. Il a commencé à me tromper, et mon quotidien était loin d'être rose. Mais c'est une autre histoire. Après mon divorce, qui n'a eu lieu que vingt-cinq ans plus tard, je suis revenue dans le Midi pour y ouvrir la librairie.
Voilà, tu en sais maintenant autant que moi…

19

Je n'ai pas interrompu une seule fois le récit d'Éliane, même si des questions m'avaient brûlé les lèvres à plusieurs reprises. Le vertige me reprend, quelque part entre la crise d'angoisse et la tête qui menace d'exploser après tout ce que je viens d'apprendre, qui place ma vie dans une perspective tellement différente. J'ai l'impression d'avoir été si broyée et secouée que les pièces qui me composaient se sont mélangées et qu'il n'y a plus aucun moyen d'y remettre de l'ordre. Je prends une grande inspiration, comme pour poser une question, mais ma tête reste vide. Éliane met son bras autour de mes épaules.

— Ça fait beaucoup de choses à assimiler, et tu dois avoir plein de questions à me poser. Bois un peu de café et mange une tranche de cake. Depuis quand n'as-tu rien avalé ?

Je repense à ma tartine de rillettes arrosée de vin rouge de la veille, et prends une bouchée du cake aux zestes d'orange d'Éliane, dont je raffole habituellement mais qui, ce matin, a pour moi le goût et la consistance de la poussière tant ma bouche est sèche. J'avale une grande gorgée de café au lait pour le faire descendre.

Une question me vient à l'esprit :

— Pourquoi ma mère t'a-t-elle répondu qu'elle n'était pas enceinte quand elle a repris le travail ?

— Ce n'est qu'une supposition de ma part, mais je pense qu'elle ne pouvait tout simplement pas accepter le fait d'être enceinte. Elle ne le souhaitait pas, elle n'était pas prête. J'imagine que sa grossesse a commencé juste avant la mort de Justine. Je ne le sais pas de manière absolue, mais je doute qu'elle ait refait l'amour avec Bernard après. Elle était tellement froide et distante avec tout le monde...

— Tu parles d'un déni de grossesse ?

— Encore une fois, ce ne sont que des spéculations de ma part, mais je pense que c'est ce qui s'est passé...

— Donc, en plus de tout le reste, ma mère ne m'a pas désirée... Je pensais qu'hier soir elle m'avait reniée, mais c'est pire que ça. Depuis le départ, elle m'a niée, déniée...

Dans aucun des schémas que j'avais élaborés au fil des ans pour m'expliquer la distance existant entre ma mère et moi je n'avais pensé être un accident. Beaucoup de bébés le sont, mais on parle en général d'accidents heureux. Moi, j'étais seulement un accident malheureux. À cette révélation, quelque chose de décisif, de définitif se joue en moi. Les bases instables sur lesquelles j'ai grandi viennent de s'écrouler sous mes pieds. Je suis celle qui n'aurait jamais dû exister. Celle qui est arrivée au pire moment possible. Celle qui a grandi dans l'ombre d'une sœur idéale, une sœur qui n'a pas vécu et sur laquelle Anne-Lise a projeté tous ses fantasmes d'enfant parfait. Celle qui aurait pu devenir tout ce que je n'ai pas été : avocate, médecin, mère des petits-enfants d'Anne-Lise… Pas étonnant que, quoi que j'entreprenne, je ne sois jamais à la hauteur. Je rivalise depuis toujours avec un fantôme, un fantôme dont j'ignorais même l'existence.

Et mon prénom, Claire… Je me suis toujours demandé pourquoi ma mère m'avait appelée ainsi. Maintenant, ça me saute aux yeux. Claire, transparente, invisible. Celle qu'on veut oublier, effacer. Celle qui n'aurait pas dû venir au monde.

— Claire, ça va ?

Je me secoue de ma torpeur. Éliane essaie de me ramener ici et maintenant, dans le monde des vivants.

— Tu sais ce qu'on va faire ? Je vais fermer la libraire aujourd'hui et te ramener à la maison. Tu vas dormir chez nous ce soir. Hors de question que tu passes une nuit de plus sur le sol de la réserve ! Et puis, j'ai peut-être une solution pour la suite… Mais aujourd'hui, tu vas te reposer. Ordre du docteur Éliane !

20

Deux heures plus tard, je suis sur une chaise longue, un cocktail sans alcool entre les mains, devant une immense piscine à débordement que la mer semble prolonger à l'horizon.

J'ai le vague souvenir d'avoir encore versé des larmes sur le chemisier d'Éliane, puis de l'avoir suivie sans résistance jusqu'à sa voiture alors qu'elle traînait derrière elle mes valises, dont je n'avais pas le courage de me préoccuper. Quand nous sommes arrivées chez elle, Éliane a posé mes bagages dans une chambre moderne au carrelage taupe, entre le grand lit double et l'immense baie vitrée qui donne sur la pelouse et les arbres d'un jardin magnifiquement entretenu. Elle m'a demandé si je préférais me reposer dans la chambre ou au bord de la piscine. J'ai opté pour le grand air. À ce moment-là, je redoutais le silence d'une chambre inconnue, aussi accueillante soit-elle.

Épuisée, j'ai fini par m'endormir sur la chaise longue, à l'ombre d'un parasol, bercée par le chant des cigales.

À mon réveil, Éliane me présente son époux, Darius, un homme d'une soixantaine d'années, chauve, rondouillard et plus petit qu'elle d'au moins dix centimètres, ce qui ne semble pas les déranger. Sincèrement épris l'un de l'autre, ils vivent une lune de miel qui, je l'espère pour eux, ne prendra jamais fin.

Éliane prétexte que j'ai besoin de vitamines et m'apporte un virgin mojito dans lequel le chou kale remplace le rhum, puis elle s'installe à mes côtés tandis que Darius ôte son peignoir, dévoilant un torse et un dos poilus, et entame dans les flots bleus de la piscine des mouvements de brasse qui m'évoquent une grenouille.

— Tu as une maison superbe, et toi et Darius avez l'air d'un couple heureux.

— Oui, je crois que je ne me rends pas encore compte de la chance que j'ai. Mon premier mariage a été un tel désastre… Gilles ne m'a jamais frappée, ce n'était pas comme ça. Son truc, c'était plutôt les attaques vicieuses, les petites piques quotidiennes. Comme je te le disais, il ne m'a jamais pardonné de ne pas lui avoir donné d'héritier. Depuis, il s'est bien rattrapé : avec sa nouvelle femme, qui a vingt ans de moins que lui, il a fait deux gosses.

— Ça te fait mal de savoir qu'il a des enfants ?

— Non… Ce qui me fait mal, c'est de penser qu'il ne s'en occupe pas vraiment. C'est sa femme qui les élève. Sincèrement, je la plains, car je doute qu'il la traite mieux que moi. Il ne peut pas lui reprocher de ne pas lui avoir donné d'héritiers, mais je suis sûre qu'il a trouvé autre chose à lui faire payer. Peut-être le fait qu'elle a pris du poids avec ses grossesses, ou alors que ses seins tombent… Il est comme ça, un éternel insatisfait. Satisfait de lui-même, ça oui, mais insatisfait des autres, qui finissent toujours par le décevoir. Gilles, même s'il est loin d'avoir l'aisance financière de Darius, a de l'argent, mais il est dans l'apparence des choses. Ce qui compte, pour lui, c'est le statut social que lui donnent ses enfants. Darius, au contraire, est quelqu'un de simple malgré toute sa richesse. Il n'est pas dans le paraître, l'ostentation. Il s'habille comme l'as de pique et s'en fiche complètement ! C'est lui qui m'a fait redécouvrir les joies simples de la vie : admirer le soleil couchant depuis le pont de son bateau, jardiner, aller faire le marché, cuisiner à deux… Tout ça, je l'ai appris avec lui, c'est pourquoi j'ai envie de passer de plus en plus de temps à ses côtés. Et puis, la vie est courte et nous ne sommes pas des perdreaux de l'année !

— Et c'est pour ça que tu envisages de vendre la librairie…

— À terme, oui, c'est ce qui arrivera. Mais je ne suis pas pressée, non plus. Je ne me sens pas encore prête à abandonner ce qui m'a sauvée du naufrage après mon divorce. Quand j'ai quitté Lyon pour revenir au pays, pas grand monde ne m'y attendait, sauf une cousine, Françoise, plus jeune que moi et que je ne connaissais pas réellement car elle était encore une enfant au moment où je suis partie. Mes amies avaient déménagé, s'étaient mariées. La seule qui était restée dans la région, Anne-Lise, ne voulait pas me voir. Cette librairie m'a donné une seconde chance. Et aujourd'hui, je constate qu'elle est en train de faire la même chose pour toi.

— Dis-moi la vérité : c'est pour cela que tu m'as engagée ? Parce que je suis la fille d'Anne-Lise et la sœur de ta filleule ? Pas pour mon brillant CV ?

J'essaie de mettre une pointe de dérision dans cette dernière question, même si l'humour me paraît appartenir à celle que j'étais avant tout ça.

— Si tu te rappelles bien, j'étais prête à te donner ta chance avant de penser que tu pouvais être la fille d'Anne-Lise. J'ai senti ton amour des livres, et aussi une certaine détresse qui m'a rappelé la mienne il y a quelques années, je dois bien l'avouer. Pour être honnête, cela dit, je me suis donné pour mission de te prendre sous mon aile après le coup de fil de ta mère, qui a confirmé ce que je soupçonnais…

— Je suis donc devenue ton œuvre de charité, en quelque sorte…

— Vu ce que je te paye pour le travail que tu accomplis, et dont tu t'acquittes avec grande compétence, je ne crois pas qu'on puisse parler de charité. Disons que j'ai vu en toi une deuxième chance d'être la marraine que je n'ai pas pu être pour Justine…

Je ne sais pas quoi penser de ce que me révèle Éliane. Je me trouve encore une fois dans la position de remplaçante de cette sœur dont je n'avais jamais évalué l'ombre, omniprésente et qui plane sur ma vie.

21

14 juillet

Cela fait trois nuits que je profite de l'hospitalité d'Éliane. J'ai insisté pour retourner à la librairie dès le lendemain après-midi, car, si elle a raison sur un point, c'est bien que cet endroit est devenu un ancrage dans mon existence, tout le reste étant incertain et instable. J'ai besoin de remettre un semblant de normalité dans mes journées.

Je sais pourtant que cette situation est temporaire. Éliane a insisté sur le fait que je pouvais rester autant que je voulais, mais je ne souhaite pas abuser de leur hospitalité, à elle et à Darius. Ce dernier se montre d'une courtoisie parfaite, rien ne montre dans son comportement que je ne suis pas la bienvenue, mais je me mets à sa place et imagine qu'il préférerait des soirées en tête à tête avec sa dulcinée plutôt que d'avoir le soir, à table en face de lui, une étrangère au teint ravagé et aux yeux rouges et cernés.

Je redoute aussi un peu d'être tentée de remplacer une mère défaillante et démissionnaire par cette bonne fée que le destin a placée sur ma route, et je crains qu'elle ne voie en moi la fille qu'elle n'a jamais pu avoir. Qu'elle soit ma marraine de cœur, je l'accepte avec plaisir, même si je ne suis qu'une filleule de substitution. Je me suis d'ailleurs rendu compte que je n'avais moi-même jamais eu de marraine, que ma mère n'avait pas pris la peine de me faire baptiser. Anne-Lise n'a jamais été portée sur la religion, mais elle a pris la peine de passer par cette étape, plus traditionnelle et symbolique qu'autre chose à ses yeux, pour Justine.

Ce matin, à l'aube, j'ai retrouvé le chemin de la plage de Vendres, cette plage que je ne verrais plus jamais de la même façon depuis que je sais que ma sœur s'y est noyée. Cette mer, que j'aime tant et qui m'aide au quotidien à me ressourcer, est porteuse de vie, mais de mort aussi : tous ces noyés qu'elle a charriés au fil des millénaires dans les profondeurs ténébreuses de ses eaux, ces épaves qui doivent en endeuiller les fonds, ces pêcheurs qui ne sont jamais revenus à quai, ces gens qui ont trouvé la mort dans des embarcations de fortune à quelques kilomètres de la terre promise, et Justine, morte d'avoir avalé une eau qui ne s'est jamais délogée de ses petits poumons et l'a noyée de l'intérieur…

Je comprends à présent pourquoi Anne-Lise ne voulait jamais m'emmener à la plage quand j'étais petite, pourquoi elle me refusait ce plaisir simple alors que nous habitions si près. Je comprends aussi pourquoi, alors que j'étais adolescente et y passais tous mes après-midi sans qu'elle puisse me l'interdire, la distance entre nous est devenue un abysse que seul l'aveu de la vérité aurait pu combler. Toutes ces réponses que j'ai obtenues par Éliane entraînent de nouvelles questions, des questions auxquelles seule ma mère pourrait répondre et que je ne pourrai jamais lui poser, des questions comme autant de bouteilles à la mer.

Assise sur le sable, je contemple l'horizon tandis que les larmes coulent sur mes joues sans que je puisse les retenir. Soudain, un halètement près de mon oreille et quelques gouttes d'eau sur mes bras qui me font frissonner : Erya s'ébroue devant moi pour capter mon attention.

— Ça n'a pas l'air d'aller très fort, aujourd'hui.

Sa maîtresse s'installe à côté de moi sans m'en demander la permission, et nous restons ainsi quelques minutes sans parler. Nous nous perdons dans la contemplation de l'horizon tandis qu'Erya creuse le sable mouillé un peu plus loin, motivée par la recherche de quelque chose d'intéressant. Je suis à peu près sûre qu'elle n'est pas en train de se demander pourquoi on l'a enlevée à sa mère quand elle n'était qu'un chiot et où sont ses frères et sœurs issus de la même portée. Les chiens ont une aptitude à s'oublier dans le moment présent que je leur envie…

— Je viens d'apprendre, il y a quatre jours, que ma sœur aînée s'est noyée ici.

Je tends la main, non pour désigner l'endroit où le drame s'est passé, le récit d'Éliane ne m'a pas permis de le déterminer précisément, mais la mer elle-même.

— Oh ! mon Dieu ! Je suis désolée. Je ne savais pas qu'il y avait eu une noyade ici ces derniers jours. Elle avait quel âge ?

Après un moment d'incompréhension, je me rends compte que ma phrase était ambiguë et qu'elle a provoqué la confusion de ma voisine. Je lui fais alors le récit abrégé de ma vie et de ce que j'ai récemment découvert, du syndrome de Diogène de ma mère à la découverte de sa boîte à secrets et au récit d'Éliane. Je ne connais pas la femme à côté de moi, mais je sens — de cette intuition qui ne s'explique pas — que je peux lui faire confiance. Elle dégage une bienveillance qui s'exprime dans toutes ses attitudes. Elle ne m'interrompt pas une seule fois pour poser une question. Lorsque j'ai fini mon récit, je l'interroge, sans vraiment attendre de réponse :

— Et maintenant, avec toutes ces questions, je fais quoi ?

— Maintenant, tu vis pour toi.

Je ne sais pas si, ce qui m'étonne le plus, c'est la simplicité apparente de sa réponse ou le fait qu'elle me tutoie. Elle voit mon trouble, et continue :

— J'espère que tu ne m'en veux pas de te tutoyer. C'est une habitude que j'ai avec les gens plus jeunes que moi. Tu peux me tutoyer aussi. Mon prénom est Hélène. Ce qui est arrivé à ta mère est terrible, mais ne justifie en aucune façon son comportement envers toi, ni dans ton enfance ni maintenant. Pourtant, si c'est l'attitude qu'elle a choisi d'adopter, tu ne peux rien y faire. La seule personne dont tu peux contrôler les pensées, le comportement et les actions, c'est toi-même. Si tu continues à porter le poids des drames de la vie de ta mère en espérant la changer ou l'épauler, tu transmettras cette charge à tes enfants, si tu en as, et surtout tu ne pourras jamais être libre.

— Mais, mets-toi à sa place une seconde... Ce qu'elle a vécu est affreux. Tellement injuste. Une noyade sèche, un truc tellement rare ! Elle doit se dire tous les jours de sa vie que, si seulement elle avait amené sa fille chez un docteur au lieu de la mettre au lit, Justine serait en vie. Elle doit être incapable de se pardonner. Je dois lui faire comprendre qu'elle n'a pas à porter cette culpabilité, qu'elle peut se tourner vers la vie, qu'elle a encore une fille, moi, même si je ne peux pas remplacer l'enfant qu'elle a perdue.

Hélène se tourne vers moi et me regarde sérieusement.

— Tu dois bien entendre ce que je vais te dire : tu ne peux pas réparer ta mère. Ton raisonnement est pourtant juste. Elle a une autre fille et pourrait choisir de se tourner vers la vie plutôt que de revisiter sans cesse le passé, mais si elle n'a pas cette sagesse pour elle-même, tu ne peux rien y faire. Même si tu passes le reste de ta vie à t'y épuiser, la vérité — et là je vais être dure —, c'est que tu n'y changeras rien du tout. Tu viens de me dire toi-même que tu avais l'impression de t'être fatiguée pour rien à l'aider à débarrasser quelques babioles chez elle. Tu penses que tu auras plus de succès à l'aider à évacuer les fantômes et la culpabilité qui hantent son esprit ? Tu me demandes de me mettre à sa place… Eh bien, figure-toi que j'ai été à sa place. J'ai moi aussi perdu un fils. Il avait quatorze ans…

Je l'interromps.

— Mon Dieu ! Hélène, j'ignorais totalement. Quelle insensibilité de ma part…

Hélène m'arrête d'un geste de la main.

— Je ne te raconte pas cela pour m'attirer ta compassion. Nous avons tous eu des drames dans notre vie. Pas forcément la perte d'un enfant, qui est certainement la pire épreuve qui soit, mais d'autres traumatismes plus ou moins profonds. Sur cette plage, qui commence à se remplir, tu ne rencontreras pas une seule personne qui n'ait perdu quelqu'un ou qui n'ait été maltraitée par la vie d'une façon d'une autre, que ce soit par la maladie, la pauvreté ou d'autres problèmes… Ce jour-là, le jour de l'accident de mon fils, il est parti avec sa mobylette alors que nous venions de nous disputer. Il voulait se rendre à Béziers chez un copain, et je lui avais interdit de sortir parce qu'il avait un contrôle de maths et qu'il devait réviser. Il ne m'a pas écoutée, a attrapé son casque et est parti furieux. La police a sonné à ma porte deux heures plus tard. On avait retrouvé sa mobylette écrasée contre un platane, et lui gisant quelques mètres plus loin. Sur une route droite. Il est possible qu'une voiture l'ait dépassé de trop près et fait sortir de la route, mais on ne l'a jamais su. Il n'y avait pas de témoins. Moi, j'étais sûre que c'était ma faute. Si je n'avais pas cherché à lui imposer mon autorité, s'il était parti tranquillement et non sous le coup de la colère… Ou mieux, si je l'avais accompagné en voiture… Ce sont des « et si… » qui ont tourné en boucle dans ma tête pendant des mois, empêchant toute consolation. Pourtant, c'était mon rôle de mère d'insister pour qu'il révise ses maths. C'était mon droit de lui interdire de sortir. Nicolas n'en faisait qu'à sa tête… Je l'aimais autant qu'on peut aimer un fils, mais ce n'était pas un ange. Je n'ai jamais eu, ni avant ni après sa disparition, la tentation de l'idéaliser. C'était un enfant avec son caractère, ses qualités, ses défauts. Dans mon scénario idéal, je l'amenais en voiture. La vérité, c'est qu'il n'aurait jamais accepté ! Il adorait cette mobylette et, chaque fois que je frémissais de peur de le savoir au guidon de cet engin de malheur, lui savourait l'ivresse de liberté que cela lui procurait. Il avait déjà sa propre individualité, ses goûts, ses préférences, et même si j'aurais parfois aimé pouvoir l'élever dans une bulle de verre, à l'abri du monde et de ses dangers, j'ai toujours choisi de respecter qui il était. Mon fils a trouvé la mort contre un platane alors qu'il allait sûrement trop vite. Ou alors, oui, peut-être est-ce la faute d'un autre conducteur qui n'a jamais eu le courage de se dénoncer. J'ai choisi de ne pas vivre dans la haine de ce potentiel chauffard, dont je ne saurai jamais s'il existe ou pas. Ta sœur, elle, s'est noyée alors que tes parents n'étaient qu'à quelques centimètres d'elle. On ne peut pas protéger nos enfants, c'est une réalité qu'il faut accepter. Toute tentative de refaire le passé avec des « et si » revient à se bagarrer avec cette réalité. Quand le pire se produit, que tu as enterré et pleuré tes morts, tu n'as que deux solutions, deux choix qui s'offrent à toi : la mort, en restant avec tes fantômes, ou la vie, en te donnant la priorité… Ta mère a choisi la mort, mais tu peux faire un choix différent, et pour cela admettre que ta relation avec ta mère est définitivement morte et enterrée. Choisis-toi, toi !

Sur ces mots, Hélène se lève un peu abruptement et appelle Erya.

— Je dois y aller, maintenant. J'ai à faire. Mais nous nous reverrons. Essuie tes larmes et va de l'avant !

Je reste encore un moment à contempler la mer et à méditer les paroles d'Hélène, puis je me lève à mon tour. Je sais qu'elle a raison.

En rentrant chez Éliane, je l'informe de la décision que je viens de prendre :

— Je te remercie pour ton accueil et tout ce que tu as fait pour moi, mais je crois qu'il est temps que je vous laisse profiter de votre lune de miel, Darius et toi.

Elle a un petit rire gêné.

— J'allais te dire que notre lune de miel est terminée depuis un moment, mais tu as raison, n'est-ce pas ? On est réellement encore en lune de miel, et j'espère que celle-ci ne s'achèvera jamais.

— C'est ce que je te souhaite. Tu m'avais parlé d'une solution que tu avais peut-être trouvée, est-ce qu'il s'agit d'un logement ?

— En effet… J'ai déjà mentionné ma jeune cousine Françoise, il me semble ? Elle et son mari, Fabien, ont acheté il y a quelques années une maison avec un studio attenant. Ils le louent habituellement à des étudiants. Je dois te prévenir, c'est minuscule. La surface totale est plus petite que ta chambre ici, et ça comprend une salle d'eau et une cuisine ouverte. Mais il y a une jolie terrasse et un dégagement sur la mer. L'entrée est indépendante, et Françoise et Fabien sont des gens respectueux de l'intimité des autres, pas du genre à débarquer chez toi sous n'importe quel prétexte. Ils sont adorables tous les deux, quoique un peu *new age* à mon goût, mais tu devrais bien t'entendre avec eux…

— Tu penses que le studio est libre ?

— Je ne le pense pas, je le sais. J'ai posé la question à Françoise il y a deux jours, mais pas parce que je voulais me débarrasser de toi. Je t'ai dit que tu pouvais rester chez nous aussi longtemps que tu le souhaites et je le pense sincèrement. Cela dit, je pense aussi qu'il y a peut-être mieux pour toi que la compagnie d'un couple de vieux tourtereaux roucoulants.

Je ris.

— Vous n'avez rien de vieux tourtereaux roucoulants, et j'apprécie beaucoup votre compagnie, mais je dois reconstruire ma vie, et avoir un endroit à moi me semble un bon départ.

— Tu as totalement raison et je ne suis pas surprise de ta décision. Si tu veux, j'appelle Françoise et lui demande si tu peux aménager chez eux dès demain. Je pense qu'elle te fera un prix décent.

— S'il te plaît, ne lui fais pas baisser le prix pour moi. Il faut aussi que ta cousine rentre dans ses frais ! Elle ne me connaît pas, après tout…

Quelques minutes plus tard, Éliane m'annonce que Françoise m'attend demain, après ma journée de travail, avec mes valises. Le studio est meublé, et j'apprécie une nouvelle fois la facilité qu'il y a à déménager avec si peu d'affaires. C'est autant de tracas en moins…

Le soir même, après un dernier repas avec mes hôtes, nous savourons un cocktail en regardant le bouquet final du feu d'artifice du 14 Juillet. Une nouvelle phase de ma vie commence demain. Je suis à la fois excitée et un peu effrayée à cette idée.

L'être humain est réticent au changement, et pourtant, le changement, ces derniers temps, devient une constante de ma vie. La seule certitude pour moi en ce moment est que les situations, les lieux et les gens qui m'entourent, tout cela bouge à une vitesse vertigineuse. À moi d'embrasser ce changement et de ne pas y résister, mais au contraire de m'adapter à ce mouvement naturel, perpétuel, qui n'est autre que le mouvement de la vie.

Troisième partie :
une autre route

1

17 octobre

Nous sommes le troisième jeudi du mois. Tous les premiers et troisièmes jeudis soir, le groupe de lecture se réunit dans la librairie. J'ai lancé cette initiative début septembre avec l'accord d'Éliane, après que les touristes sont retournés chez eux. C'est notre quatrième rencontre. Nous avons commencé avec sept participantes, et nous sommes à présent une vingtaine, dont deux hommes. Nous discutons de nos lectures, échangeons des conseils, des recommandations, des avis, dans la bonne humeur et le respect mutuel.

Cette fois-ci, j'ai eu une nouvelle idée. Je vais proposer aux membres du groupe dix livres recouverts de papier d'emballage brun et noter sur cette couverture totalement neutre les premières phrases de chaque roman. Parmi ces dix livres, ils devront en sélectionner trois, dont nous discuterons au cours des prochaines réunions.

Cette initiative va à l'inverse de tout ce que nous faisions lorsque je travaillais dans l'édition. On cherchait la couverture vendeuse, le pitch imparable en quatrième de couverture, le bandeau avec la phrase d'accroche la plus aguicheuse possible et la photo de l'auteur quand son physique était plus *bankable* que sa prose. Je propose à présent la démarche inverse : choisir une lecture sur la base de l'incipit, les premiers mots d'un livre, cette phrase que l'on dit importante, déterminante parfois, sans savoir si l'auteur est connu ou pas, quelle tête il a, sans associer son œuvre à une image de couverture.

Éliane encourage mes initiatives. La prochaine étape est de faire venir à la librairie quelques auteurs régionaux, moins connus que ceux dont les ouvrages remplissent les têtes de gondole, qui seraient prêts à venir parler de leurs œuvres devant le groupe.

Dans la vitrine de la librairie, j'ai remplacé les best-sellers par une sélection thématique. En ce moment, c'est le thriller « cérébral » qui est à l'honneur. J'ai exposé *le Nom de la rose,* d'Umberto Eco, le livre de Iain Pears que j'avais commandé et que mon client n'est jamais venu chercher pour sa compagne, le José Carlos Somoza dont j'avais un deuxième exemplaire en rayon, une intégrale des œuvres de Sherlock Holmes, ainsi que quelques Hercule Poirot, ceux d'Agatha Christie, bien sûr, mais aussi ceux de Sophie Hannah, écrivaine anglaise qui a fait revivre le personnage moustachu pour mettre ses petites cellules grises au service de nouvelles enquêtes. La prochaine thématique sera le Japon, dont je veux faire découvrir quelques plumes, du réalisme fantastique d'un Haruki Murakami aux récits doux-amers de Yoko Ogawa. Les best-sellers sont toujours là, bien en vue sur une table, mais ils ne sont plus mis en avant. Ils se vendent d'eux-mêmes, de toute façon.

Une fois par mois, nous organisons également un mercredi après-midi pour les enfants. La première séance, en septembre, juste après la rentrée, consistait à reproduire la scène de Harry Potter dans laquelle le chapeau magique décide si les élèves seront attribués à Gryffondor, à Poufsouffle, à Serdaigle ou à Serpentard. Si beaucoup d'enfants n'avaient pas lu le livre dans lequel se déroule la scène, tous la connaissaient grâce au film. Ils sont chacun repartis avec des étoiles dans les yeux et un livre offert par la librairie. Je me découvre une patience avec eux dont je ne me pensais pas dotée.

Tandis que je compte la caisse, la cloche de la porte se fait entendre. Les derniers clients sont partis, et les membres du club de lecture vont commencer à arriver. La librairie reste ouverte plus longtemps les soirs de réunion.

— Salut ma belle, comment vas-tu ?

C'est Françoise, la cousine d'Éliane, ma logeuse et l'une des premières adhérentes à notre petit groupe, une brune quadragénaire toujours enjouée. Au fil des semaines, nous sommes devenues amies. Certains matins, quand elle n'a pas de cours à la première heure, nous prenons un thé ensemble, chez elle ou sur mon balcon. Elle est professeur d'allemand dans un lycée de Béziers et écrit de la poésie à ses heures perdues. Elle a même eu un recueil publié, qu'elle m'a dédicacé. J'essaie de la convaincre de venir en faire la lecture lors d'une des soirées du groupe, mais ce n'est pas gagné. Parfois, elle vient avec son mari, Fabien, qui enseigne le yoga.

Je lui fais la bise.

— Comment vas-tu ? Fabien n'est pas avec toi ?

— Eh non, il donne un cours privé en soirée. Un homme d'affaires qui souffre de problèmes lombaires et qui n'a pas le temps de prendre part aux cours en groupe, ou alors qui n'assume pas de faire du yoga avec toutes ces femmes.

— Bon, tant pis pour lui, il rate une nouvelle petite expérience livresque que j'ai décidé de mettre en place ce soir.

— Ah ?

— Oui, tu verras, tu pourras tout lui expliquer.

— Dis donc, à propos d'expérience, as-tu réfléchi à mon idée ?

La semaine dernière, alors que nous buvions un thé dans son jardin, nous avons discuté des participantes du jeudi. J'emploie le terme au féminin car, même si le mari de Françoise et un jeune homme souffrant du syndrome d'Asperger — un bon client de la librairie, qui doit se sentir plus à l'aise en notre compagnie qu'avec les gens de son âge — se joignent parfois à nous, nous sommes une écrasante majorité de femmes avec un certain nombre d'années au compteur.

Françoise est la plus jeune après moi. La plupart des autres sont retraitées, veuves ou divorcées, qui ont trouvé dans notre petit groupe une activité pour occuper leurs soirées. Certaines nous ont confié à quel point ces réunions sont importantes à leurs yeux et leur donnent une occasion de sortir de chez elles. Leurs époux sont décédés ou les ont quittées depuis longtemps, quand ils ne préfèrent pas rester devant la télé, leurs enfants sont allés construire une vie ailleurs et n'ont pas le temps de venir les voir, et leurs petits-enfants, lorsqu'ils sont en visite pour le week-end, ne lèvent pas le nez de leur téléphone ou de l'écran de leur portable. Elles se confient pendant nos soirées, et la discussion littéraire dérive souvent sur la vie en général. Certaines ne comprennent plus le monde dans lequel nous évoluons, au point que j'ai parfois l'impression d'avoir contribué à recréer un lien social qui n'existait plus.

L'importance qu'a le groupe de lecture pour les participantes est la raison pour laquelle Françoise a eu l'idée de créer un autre groupe, d'un genre un peu différent, les deuxième et quatrième jeudis du mois. Vu l'âge de la plupart des participantes, nous remettrions à l'honneur la discussion autour de différentes activités manuelles que ces dames pratiquent en général seules devant leur télé : la broderie, le tricot ou le canevas.

— Comme je te l'ai dit, je pense qu'elle est excellente, cette idée, sauf que je ne sais pas plus tricoter que coudre ou broder.

— Pour le tricot, je t'apprendrai ! Tu verras, c'est facile… J'ai même trouvé un nom pour ces petites soirées…

— Ah oui ?

— Des tricothés ! Comme tricot et thé, vu qu'on y servira du thé ! ou du café… mais tricocafé, ça sonne moins bien !

— C'est excellent, tricothé ! J'adore ! Je suis sûre que ça va marcher.

— Tu penses que Tim sera des nôtres ?

Tim est le diminutif de Timothée, le jeune autiste Asperger.

— Tu sais quoi ? Cela ne m'étonnerait pas. Il y a des hommes qui tricotent. Cela n'a rien de honteux.

— Je sais bien… Mais pas sûr que ses camarades pensent comme toi.

— C'est justement à ça qu'on sert ! Pas de questions, pas de jugement, et on accepte tout le monde !

— Tu as raison, une vraie entreprise de santé publique ! On devrait être remboursés par la Sécu !

Alors que nous rigolons, le tintement de la porte nous signale de nouvelles arrivées. Ce sont Ghislaine et Christiane, qui se sont rencontrées par le biais de notre petit groupe et sont inséparables depuis. Nous nous déplaçons pour les saluer. Tim arrive ensuite, suivi de trois autres personnes. Notre petite réunion peut commencer…

2

Il est vingt-trois heures environ quand je regagne mon petit studio. La température est encore douce pour un mois d'octobre, et j'en profite pour fumer une cigarette, assise sur mon balcon, avant d'aller me coucher. Depuis la soirée qui a chamboulé ma vie, celle où j'ai découvert l'existence de Justine, j'ai repris cette mauvaise habitude. Je ne fume pas beaucoup, trois ou quatre cigarettes par jour, et j'essaie de ne pas culpabiliser pour cela. J'ai appris que la compassion et l'indulgence qu'on a pour les autres, on a non seulement le droit, mais aussi le devoir, de se les appliquer d'abord à soi-même.

J'ai tout de suite été charmée par le studio de Fabien et Françoise. Comme me l'avait annoncé Éliane, il est minuscule : une chambre, une kitchenette et une salle d'eau, où il y a juste la place pour une douche, un petit lavabo et un WC. Les murs sont peints en bleu et blanc, et la première fois que j'ai vu l'endroit, avec son petit dégagement sur la mer, j'ai eu l'impression de me trouver sur une île grecque, Santorin ou Mykonos. Le sol est en tomettes, ce que je trouve bien plus hygiénique que les moquettes dont raffole Anne-Lise. En cinq minutes, je passe la serpillière sur toute la surface. L'endroit est meublé au minimum : un lit, une armoire, quelques étagères et, dans la kitchenette, une petite table où l'on peut tout juste manger à deux. Je mesure la sagesse que j'ai eue de résumer mon existence à deux valises. En emménageant, j'ai eu l'impression de me retrouver au début de ma vie d'étudiante, quand tout était possible, quand l'avenir était ouvert. D'une certaine manière, c'est toujours vrai, même si j'ai une quinzaine d'années de plus. Tout est possible. Je ne sais pas où me mènera demain, mais cela ne m'inquiète pas plus que ça. Outre les thés matinaux avec Françoise, elle, Fabien et moi avons pris l'habitude de boire l'apéritif ensemble une fois par semaine, et parfois de le prolonger par un barbecue dans leur jardin. Le reste du temps, chacun respecte l'espace et l'intimité des autres.

Je n'ai pas revu Anne-Lise depuis que je me suis installée ici. Même si son attitude le soir de notre dispute semble avoir sonné le glas de nos relations, j'aurais peut-être été tentée de reprendre contact avec elle si je n'avais pas eu cette conversation sur la plage avec Hélène.

Il y a quelques semaines, Françoise et moi avons discuté de cela, assises sous le cerisier de son jardin.

— Tu sais, on pense souvent que les gens sont malveillants intentionnellement, mais l'éducation qu'ils ont eux-mêmes reçue, leur « bagage » comme on dit, fait qu'ils sont plus ou moins équipés pour la vie. La plupart ne pensent pas à mal, ils ne partent pas dans l'existence avec des intentions mauvaises, ils font juste comme ils peuvent.

Sur le moment, je l'ai un peu mal pris. J'ai immédiatement réagi :

— Ce n'est pas une excuse un peu facile ? Cela voudrait dire qu'il faut tout pardonner, faire preuve d'empathie, ravaler le mal qu'ils ont fait et continuer à s'exposer à tout ça, encore et encore ?

Pour comprendre la nature des relations avec ma mère, je me suis en effet beaucoup aidée de coaching en ligne, de vidéos qui expliquent les relations néfastes et comment s'en extirper. Si les conseils varient parfois, une constante demeure : la seule manière de s'en sortir pour de bon est d'établir une règle de « zéro contact » avec la personne toxique.

— Tu n'as pas totalement compris ce que j'essaie de te dire. Il s'agit de pardonner, mais pour toi. Pour ne pas porter le poids de la rancœur. Personne ne te demande de t'exposer encore et encore à l'abus. Tu n'es ni Bouddha ni Jésus, on ne te demande pas de tendre l'autre joue. Tu dois bien évidemment te préserver, panser tes propres blessures.

Je crois que je comprends enfin ce qu'il y a derrière le message de Françoise, ce qu'elle ne verbalise pas, parce que je dois trouver en moi-même ma propre vérité. Cela rejoint en partie ce que m'a dit Hélène cet été. Je ne suis pas responsable de la situation, du fait que ma mère a perdu un enfant désiré et choyé dans des circonstances tragiques, pas plus qu'elle-même n'est coupable du drame qu'elle a traversé. En revanche, là où notre responsabilité s'exerce, c'est dans notre façon de réagir aux événements. Mon devoir est double : il faut que je me préserve et que je pardonne, pour ne pas reproduire à mon tour ce cercle vicieux de l'amertume et de la rancœur. Je n'ai pas encore effacé toute trace de culpabilité à l'idée d'une coupure définitive, parce qu'on nous enseigne que la famille est importante, qu'elle représente un lien indissoluble qu'il faut préserver à tout prix.

J'ai pour devoir de guérir l'enfant intérieure, celle qui a grandi dans l'ombre d'une grande sœur défunte qu'elle n'a jamais pu égaler aux yeux de sa mère. Je dois devenir ma propre mère et prendre soin de cette petite fille qui souffre, lui apporter l'amour et les soins qu'elle n'a jamais reçus. Je m'y emploie, jour après jour. J'essaie de pratiquer la bienveillance envers moi-même, au quotidien.

3

18 octobre

Ce matin, comme presque tous les jours, je retrouve la plage pour une longue balade. J'apprécie toujours autant les vertus de la marche pour ma santé et mon équilibre. J'ai aussi repris le yoga, que je pratiquais sporadiquement à Paris. Ici, je suis inscrite aux cours de Fabien, et je m'y tiens avec beaucoup plus d'assiduité qu'avant.

Là-bas, j'avais l'impression de toujours courir. Courir pour aller au boulot, courir d'une réunion à l'autre, d'un rendez-vous au suivant, d'un homme au prochain. Ici, la vie prend en automne les teintes sépia d'un temps antérieur au stress moderne et au tourisme de masse. Pourtant, j'ai en même temps l'impression que les couleurs, le bleu de la mer, le vert de la végétation, n'ont jamais été aussi vives. C'est sans doute parce que, pour la première fois depuis bien longtemps, je regarde vraiment, alors qu'avant je me contentais des clichés des Caraïbes ou des Maldives que mes amis postaient sur Facebook. Je vivais ma vie par le biais d'écrans interposés. À présent, je m'ouvre à la beauté de ce qui m'entoure.

Je me passe des réseaux sociaux, et je n'ai même pas la télévision. Mon studio est trop petit pour que j'y installe un écran, et j'avoue que les émissions de grande écoute ne me manquent pas. J'ai tout de même gardé mon abonnement à Netflix, et je découvre en ce moment avec délices, sur mon portable, les coulisses de la famille royale d'Angleterre par le biais de la série *The Crown*. Je n'ai pas pour objectif de vivre une existence ascétique dénuée de tout le confort moderne, mais je suis beaucoup plus sélective dans mes choix. Ce que je lis, ce que je regarde, je le sélectionne avec soin, car je sais que la vie est courte et je n'ai pas envie de la dilapider dans des divertissements stériles.

C'est pareil pour les gens. J'ai grand plaisir à côtoyer les clients de la librairie, à les renseigner et à papoter avec eux, mais je mets immédiatement de la distance avec ceux que je sens trop enclins à se plaindre de leur vie ou des autres. Pourtant, les commérages faciles, les médisances, j'y ai cédé aussi, parfois. C'était une manière de trouver un point d'entente avec les autres, une sorte de communion d'esprit dans le ralliement contre une tierce personne.

Marisa, notre cheffe, en a souvent fait les frais. Je suis loin d'être parfaite…

Pourtant, je suis récemment devenue allergique à la négativité et aux potins malveillants ; je mesure ce qu'ils me coûtent en énergie, et m'en préserve désormais. La plupart de mon temps, je le passe seule. Cette solitude tant redoutée avant, je ne la crains plus, et même, souvent, je la recherche. J'en ai besoin. Elle est un moyen de me reconstruire, d'apprendre à apprécier ma propre compagnie, ce qu'auparavant je fuyais en recherchant celle des hommes.

Pourtant, paradoxalement, j'ai l'impression de n'avoir jamais été aussi bien entourée qu'en ce moment. Éliane, Françoise, Fabien, Tim… tous rendent mon quotidien meilleur. Nous partageons des liens qui n'emprisonnent pas, les liens du cœur.

Sans parler d'Hélène, mon amie de la plage, comme je l'appelle, que j'aperçois justement au loin et avec qui nous échangeons un signe de la main. Depuis notre discussion à cœur ouvert de cet été, nous avons pris l'habitude de terminer notre balade ensemble en discutant lorsque nous nous croisons par hasard. Je ne sais pas où elle habite, nous ne nous sommes jamais donné rendez-vous, ou vues en dehors de la plage. Parfois, nous ne nous voyons pas pendant quelques jours, sans que l'une ou l'autre ne ressente le besoin de se justifier d'un retard ou d'une absence.

Hélène a un côté un peu mystérieux. Ce n'est pas quelqu'un qui se livre facilement, et je sais maintenant que c'est en réponse à ma propre détresse qu'elle m'a parlé du grand drame de sa vie lors de notre première rencontre. Elle ne s'épanche pas, ne se lamente jamais sur son sort. Elle a fait sienne la devise du Premier ministre britannique Benjamin Disraeli : *never complain, never explain,* « ne te plains jamais, n'explique jamais ».

Je ne lui pose aucune question personnelle. Elle ne fait jamais montre de cette curiosité malsaine qu'ont parfois les gens qui cherchent à connaître nos plus grandes faiblesses, nos échecs, pour s'en délecter, ce fameux *Schadenfreude* pour lequel il n'existe pas de traduction satisfaisante. Nos conversations me laissent toujours la sensation d'un bien-être profond, et j'aime sa sagesse très terrestre, différente de celle de Françoise, qui est teintée de spiritualité. Cette fois-ci, après quelques minutes d'échange sur la littérature, j'ose lui poser une question intime :

— Tu n'as pas d'homme dans ta vie ?

— Non, mais j'en ai eu… Beaucoup… Surtout après la disparition de mon fils. Je n'étais plus mariée à son père depuis déjà plusieurs années et j'avais dépassé la quarantaine. C'était trop tard pour envisager un autre enfant, et sans cet objectif je ne voyais pas pourquoi m'embarrasser d'un compagnon. J'ai consommé des relations pour oublier, pour m'oublier dans les bras d'autres gens, mais ça ne m'a pas apporté grand-chose. En tout cas, sûrement pas l'oubli, juste le dégoût de moi-même. Je vis seule depuis des années et entends bien le rester. La compagnie d'Erya me suffit. Avant elle, il y a eu Loulou, un cairn terrier. Ce n'est pas à mon âge que je vais faire des concessions pour quelqu'un. Dans mon entourage, j'ai quelques amis des deux sexes. Oh, pas beaucoup… Tu t'apercevras en vieillissant que tu peux compter sur les doigts d'une main tes véritables amis, ceux à qui tu peux faire confiance, qui ne te trahiront pas, qui seront là pour toi quand ça n'ira pas. Bien sûr, il y a quelques hommes qui me courent après, j'entretiens quelques flirts innocents…

Cela ne m'étonne pas qu'Hélène attire les hommes : c'est une très belle femme, même à soixante ans passés. Elle me parle ensuite du problème des jeunes hommes d'aujourd'hui, pour qui la séduction est devenue un enjeu très compliqué à cause du mouvement #MeToo… J'aime sa prise de position un peu à contre-courant, sa façon de défendre les hommes en général alors qu'elle-même n'en fréquente aucun en particulier. J'aime ses paradoxes, desquels émerge la sagesse de l'équilibre. Elle me parle de l'Italie, où elle a vécu, m'explique que, là-bas, l'homme qui aborde une femme le fait en sachant pertinemment qu'il a plus de chances de se faire jeter que de la conquérir, et qu'il l'accepte d'emblée, avec bonne grâce. Qu'aujourd'hui les hommes n'osent plus aborder une femme et que, quand ils rassemblent enfin le courage de le faire, l'enjeu est tellement grand qu'ils supportent mal le rejet. Son point de vue est intéressant.

— En fait, tu réhabilites Jean-Claude Dusse…

— Jean-Claude Dusse ?

— Oui, du film *les Bronzés* : « Sur un malentendu, ça peut marcher ! »

— C'est exactement ça ! La vie, c'est quoi, sinon le plus grand des malentendus ? Tu fais un contrat avec Celui qui est là-haut, tu te comportes bien, tu travailles pour avoir un job, pour te faire ta petite place dans la société. Tu n'emmerdes personne. Tu élèves ton gosse et tu te dis : j'ai rempli ma part du contrat. Et Lui, là-haut, Il fait quoi ? Il te prend ce que tu as de plus cher. C'est quoi, ça, sinon un gros malentendu ? Mais parfois, parfois aussi, sur un malentendu ça peut marcher. Tu fais une belle rencontre, ta chance tourne. Parfois tu perds, parfois tu gagnes…

— Comme moi, qui me suis forcée à caresser Erya la première fois qu'elle a failli me sauter dessus, alors qu'en fait j'ai une trouille bleue des gros chiens. Sans ça, on ne serait pas devenues amies…

Sitôt la phrase prononcée, je la regrette aussitôt. J'ai l'impression d'avoir passé les bornes. Comment ai-je osé mettre en balance nos rencontres occasionnelles avec la perte de son fils ? De plus, je n'ai aucune certitude qu'elle me considère comme une amie, alors qu'elle dit en avoir si peu.

Pourtant, elle acquiesce en souriant et me demande :

— Et toi, tu as un homme dans ta vie ?

Je lui raconte en quelques minutes le fiasco qu'est ma vie sentimentale. Elle a l'air fascinée par le concept des applications de rencontres, sa vie amoureuse datant du temps d'avant. Après m'avoir écoutée attentivement, son jugement tombe :

— En fait, vous êtes une génération de dépendants affectifs.

Venant de toute autre personne, je pense que j'aurais mal pris cette remarque, mais, de sa part, j'en reconnais la justesse. La dépendance affective, c'est un concept sur lequel je suis tombée en regardant des vidéos sur les personnes toxiques. Toute victime d'une telle personnalité ne l'est que parce qu'elle-même souffre de ce genre de dépendance. C'est le besoin d'amour non comblé pendant l'enfance qui nous mène à des compromissions, à accepter l'inacceptable — un homme marié, maltraitant, abusif —, à fuir la solitude à tout prix dans la recherche d'une relation à deux.

Je lui explique que c'était vrai, mais que j'ai évolué depuis quelque temps. J'ai pris mes distances, je n'attends plus rien.

— Tu as bien raison, c'est le secret. Avoir des standards élevés, mais pas d'attentes. Ne te brade pas ! Un jour, tu rencontreras quelqu'un qui te correspond. En attendant, tu n'as besoin de personne.

J'ai envie de lui dire que ce qui est vrai pour moi l'est pour elle aussi, mais je ne le fais pas. Je pressens qu'elle a réellement tourné la page de l'idéal d'une vie à deux, que ses aspirations sont ailleurs, et je le respecte.

Quant à moi, maintenant que je me sens réellement bien toute seule, j'avoue que je peine à envisager de faire un jour les compromis et les efforts que demande une relation. Je savoure ma liberté. Elle a le goût de la gelée de coing que je vais préparer ce soir avec les fruits du jardin que Françoise m'a donnés hier.

4

24 octobre

Après la fermeture de la librairie, je passe un coup de balai, prépare la table et les chaises pour notre premier tricothé, soirée tricot, crochet et autres activités manuelles. Je repense aux clients de la journée. J'ai eu la visite d'un touriste d'un genre particulier, comme on peut en croiser hors saison, un type en bermuda et chaussures de marche, qui m'a laissé des petites mottes de terre partout dans la boutique. Il s'est excusé en me racontant, en anglais, qu'il venait de faire un trekking dans l'arrière-pays et que c'était boueux. En effet, il a plu hier, mais cela ne l'excuse en rien. Ce cochon aurait tout de même pu essuyer ou enlever ses chaussures avant de pénétrer dans la librairie. Ces Américains se croient souvent tout permis.

Lorsqu'il m'a demandé un guide de la région en anglais, je n'ai pas pu m'empêcher de lui faire remarquer que nous étions en France. Il m'avait contrariée, alors j'ai laissé s'exprimer ma mauvaise foi. Pas très serviable… Nous avons un petit rayon de littérature anglaise, mais les guides touristiques ont tous été vendus pendant la saison estivale, et je n'ai pas encore reçu les nouveaux. Pour éviter qu'il ne sorte trop déçu, je l'ai dirigé vers la caisse des livres de seconde main, où il a fini par trouver son bonheur. Je n'ai pas été très agréable avec lui et je m'en veux un peu. Tant pis ! Je me dis qu'on ne peut pas toujours être la meilleure version de soi-même. J'avais d'autres préoccupations, dont celle de la soirée tricot. Les premières sont toujours source de stress, même si celui que je ressens actuellement n'est comparable en rien à celui que je subissais tous les jours dans la capitale.

En l'occurrence, je n'avais pas besoin de m'inquiéter ! Notre tricothé connaît un grand succès, puisque nous sommes quinze. Tim et Fabien se sont joints à nous, le premier pour faire des bracelets brésiliens, et le second des scoubidous qui, dit-il, lui rappellent sa jeunesse. Françoise m'explique patiemment le point mousse après m'avoir monté une rangée de mailles sur l'aiguille. Quand je me réjouis à haute voix du pull que je vais me confectionner pour l'hiver, elle objecte qu'il vaut mieux ne pas commencer de manière trop ambitieuse, et qu'une écharpe fera bien l'affaire pour un début.

Certaines dames sont des habituées de l'exercice. Christiane tricote un magnifique ensemble chaussons, bonnet et gilet pour son petit-fils qui vient de naître, et Amélie confectionne un dessus-de-lit en patchwork pour sa fille, qui vient de s'installer avec son copain. Lorsque j'ai croisé Hélène sur la plage, je lui ai proposé de se joindre à nous, mais elle a décliné. Je pense qu'elle n'est pas très fana des réunions et préfère sa solitude. Elle m'a répondu : « On verra ! Un jour, peut-être, mais pas cette fois… »

Nous posons nos pelotes et nos tasses de thé ou de café sur la table que j'ai installée au milieu de la boutique. Je ne sais pas trop comment le sujet est venu sur le tapis, mais voilà que je me trouve en train d'expliquer à la petite assemblée les changements que j'ai effectués dans ma vie ces derniers mois, le tout sans donner les raisons de ce virage à 180 degrés. Sans doute la conversation a-t-elle commencé quand, après avoir offert à chacun d'eux un petit pot de gelée de coing faite avec les fruits du jardin de Françoise et Fabien, je les ai priés de garder les pots parce que je n'avais pas la place de les stocker. J'ai alors dû leur raconter mon petit studio et les deux valises, qui renferment la totalité de mes affaires. Cela a suscité pas mal de questions :

— Tu n'as pas de souvenirs d'enfance ?

— Si, dans ma tête. Et puis, mes meilleurs souvenirs d'enfance sont liés au temps passé sur la plage, et je m'y rends tous les matins.

— Et les photos ?

— Je les ai toutes scannées, elles sont sur mon ordinateur. D'ailleurs, je n'en ai gardé que très peu. Un ou deux souvenirs encadrés.

— Et tes papiers ?

— Idem, j'en ai une version numérique. Fini les classeurs de paperasse !

Christiane se tourne vers Ghislaine.

— Dis donc, tu devrais en prendre de la graine ! Avec ta collection de porcelaines, il n'y a plus un espace libre chez toi !

— Oui mais qu'est-ce que tu veux que j'en fasse ? Je n'peux pas les scanner ! J'en ai tellement offert autour de moi que je ne sais plus à qui en donner. Je ne vais pas les jeter, tout de même !

Le hobby de Ghislaine est la peinture sur porcelaine et elle ne sait plus que faire de ses œuvres, qu'elle offre à son entourage. Elle m'a donné récemment un bol décoré de fleurs délicatement peintes, pour lequel j'ai trouvé une utilité. J'aime le concept d'utilité quand il s'agit d'un objet, plus que cette idée d'étincelle de joie décrite par Marie Kondo. N'importe quelle babiole peut nous mettre en joie sur le moment, ce n'est pas pour autant qu'elle doit rejoindre nos possessions et prendre la poussière chez nous. Je trouve d'ailleurs notre gourou du rangement beaucoup moins crédible depuis qu'elle a ouvert sa boutique de babioles en ligne, des babioles qui, bien évidemment, sont toutes supposées susciter la fameuse « étincelle de joie ».

J'aime l'idée de posséder quelques objets rares, acquis, offerts ou hérités, que l'on préserve avec soin. J'ai découvert l'autre jour, dans une boutique tenue par un vieux monsieur japonais, le *kintsugi,* cet art qui consiste à réparer les objets de porcelaine brisés à l'aide d'une laque d'or. Ces objets, dont les anciennes brisures se soulignent en doré, deviennent encore plus beaux ainsi, patinés par le temps, réparés avec amour. Comme peut être rendu plus beau un individu qui arbore sur sa peau blessures et cicatrices laissées par la vie. Comme une femme avec ses rides, me dis-je en considérant Aline, la doyenne des participantes, quatre-vingt-neuf ans au compteur. Sa peau parcheminée montre chacun de ses combats, chacune de ses blessures. Elle a fait partie de la résistance pendant la Seconde Guerre mondiale et a pris le maquis avec des amis. Son mari est mort au front. Son deuxième époux est décédé il y a vingt ans d'un cancer, et l'un de ses enfants, dans un accident de voiture. Elle a eu ses joies, aussi. Celle d'avoir trois autres enfants en bonne santé, sept petits-enfants et trois arrière-petits-enfants. Ce soir, elle est là, parmi nous, en train d'expliquer à l'une de ses petites-filles, d'une vingtaine d'années, comment faire les points au canevas. En pensant à Aline et au bol sillonné des coutures d'or du *kintsugi* qu'elle m'évoque, j'ai une idée :

— Ghislaine, pourquoi ne les vends-tu pas au marché ? Vois si tu peux louer un emplacement ? Ou alors, si tu en as autant que ça, vends-les en ligne *via* un site Internet ?

— C'est une excellente idée, sauf que je ne sais pas comment faire un site Internet. Je sais tout juste écrire des mails, alors le reste…

— Je pourrais t'aider. Créer un site Internet, prendre des photos des objets, les mettre en ligne. Je sais faire tout ça !

Christiane s'en mêle :

— Accepte, Ghislaine, tu sais que tu ne peux pas tout stocker chez toi, ça devient hors de contrôle.

Je n'ai jamais mis les pieds chez Ghislaine, mais j'imagine un intérieur comme celui de ma mère, sauf qu'il n'y aurait que des créations de porcelaine, entassées partout. J'imagine un éléphant évoluant au milieu de ces piles fragiles et les piétinant…

— Franchement, c'est une bonne idée. Je serais soulagée de me débarrasser du surplus, et je n'ai vraiment pas envie de jeter, surtout avec l'argent que me coûte ce hobby. Si, en plus, ça pouvait me rapporter un peu, ce serait la cerise sur le gâteau !

J'accepte volontiers ta proposition. Tu me feras un devis pour ce site Internet, et aussi pour le temps passé à m'apprendre à l'utiliser !

— Pour t'apprendre à l'utiliser et le mettre à jour, je peux m'en occuper gratuitement, c'est dans mes cordes ! lui lance Christiane avec un clin d'œil.

Ghislaine entend me payer pour mon travail. Je suis sur le point de lui dire que je vais le faire sans contrepartie financière, mais me tais au dernier moment et prends une minute pour réfléchir. Je me suis formée toute seule, sur le tas, quand j'ai lancé mon blog littéraire, seule activité annexe à mon travail. Parler des livres m'enchantait, en tout cas suffisamment pour me farcir un tas de tutos et acquérir une certaine expertise. Malheureusement, j'avais dû laisser tomber le blog au bout d'un moment, il me prenait trop de temps. Donc, je suis prête à aider Ghislaine, mais pas gratuitement. Au fond, tout travail mérite salaire. Et puis, je gagne peu à la librairie. Même si je vis frugalement, ce que j'ai réussi à mettre de côté fond comme neige au soleil, et je sais depuis quelque temps déjà qu'il me faut trouver une source de revenus complémentaires, voire une source de revenus tout court. En effet, j'ai conscience qu'Éliane retarde la vente de la librairie parce qu'elle sait le plaisir que j'ai à redonner vie à l'endroit et que je compte sur le petit salaire qu'elle me verse, qui me permet de garnir mon frigo. Même si elle est fière de moi, de mes efforts et de son commerce, je vois bien qu'elle est passée à une autre étape de sa vie, dont la librairie ne fait plus partie. D'ailleurs, elle n'est pas là ce soir. Darius et elle sont allés voir un spectacle à Béziers.

En pensant à mon ancien blog, il me vient une idée, encore vague mais qui pourrait bien faire son chemin dans ma tête… Françoise me ramène au moment présent :

— Attention, tu viens de louper une maille ! Attends, je vais te montrer comment la rattraper.

Elle m'explique patiemment comment réparer mon ouvrage et, pendant les deux heures suivantes, je tente de me concentrer sur mes rangs tout en écoutant la conversation.

Je crois que j'aime tricoter. Cette activité m'apaise bien plus que celle qui consiste à faire défiler, sur l'écran de mon téléphone, des statuts de gens que je connais à peine ou des profils de prétendants potentiels. En outre, elle ne me coupe pas des autres, puisque je peux la pratiquer en discutant. Je considère les membres du petit groupe qui m'entoure, me réjouissant de leurs échanges et de leurs rires, qui me font chaud au cœur.

À la fin de la soirée, c'est Tim qui vient m'interrompre :

— Joli, ton début d'écharpe ! J'adore la couleur et la matière ! dit-il tout en palpant la pelote.

C'est un fil bleu marine, doux au toucher, mélange de viscose et de mohair.

— Tu sais quoi ? Ce sera ma toute première œuvre, et elle sera pour toi… si j'arrive à la mener à bien avant Noël et que je ne rate pas trop de mailles.

Tim a l'air content. Il ajoute :

— Et ça, c'est pour toi.

Il noue le bracelet brésilien qu'il a achevé autour de mon poignet en me demandant de faire un vœu. Lorsque le nœud se dénouera, mon vœu se réalisera. Ces bracelets me rappellent mon enfance, je n'en avais pas vu depuis des années. Je ne sais quel vœu faire, alors je me concentre sur l'idée que je viens d'avoir.

— Merci, Tim, je suis touchée. J'espère que tu t'es amusé, ce soir.

— Oh oui, bien plus qu'avec les gens de mon âge !

Je soupire. Le monde d'aujourd'hui n'est vraiment pas adapté à quelqu'un comme Tim, qui a tout juste dix-huit ans et que son léger handicap éloigne de ses contemporains. Il ne supporte pas la foule, le bruit, tous ces stimuli que la vie moderne amplifie. Qu'il s'isole à longueur de journée avec les livres que je lui conseille semaine après semaine et préfère la compagnie d'une équipe d'originaux comme nous, un peu en marge des tendances, je ne sais pas si cela doit me désoler ou me ravir.

Tout le monde part, à présent. Au moment de quitter les lieux avec Françoise, Fabien se retourne :

— On te ramène ?

— Oui, volontiers.

Dans la voiture, Françoise se retourne :

— Au fait, tu viens au yoga *on the beach* samedi ?

Tous les samedis hors saison, à 11 heures, Fabien donne un cours de yoga gratuit sur la plage. Cela permet aux gens qui n'ont pas les moyens de se payer une activité sportive en salle de découvrir les bienfaits de cette pratique. Évidemment, le cours est annulé en cas de pluie.

— Oui, bien sûr ! Comme tous les samedis. S'il fait beau, évidemment.

— La météo nous annonce 18 °C et un ciel dégagé. Prends une petite laine. Il y aura aussi Sasha, un ami qui est venu nous rendre visite pour quelques semaines. Tu ne l'as pas encore croisé ? Il est arrivé ce matin.

— Non, je ne suis pas repassée au studio.

— Comme ça, tu es au courant ! N'appelle pas la police si tu vois un étranger un peu bizarre se balader dans le jardin, rigole Fabien.

— C'est noté ! Tu fais bien de me prévenir…

5

25 octobre
Pendant ma promenade sur la plage ce matin, j'ai réfléchi à mon idée de la veille. Et si je lançais une chaîne YouTube sur le désencombrement, la quête de l'essentiel ? Si je faisais partager aux autres mon expérience ? Je sais qu'il y a déjà une grande communauté autour de ces préoccupations. J'ai d'ailleurs appris grâce à ceux qui ont eu l'idée avant moi : The Minimalists, un couple d'amis trentenaires qui, chaque semaine, enregistrent un podcast sur des sujets liés à tous les domaines de l'existence ; Leo Babauta, un quadra qui a déménagé avec sa famille nombreuse de Guam à San Francisco, et qui expose ses idées de simplicité sur un site très épuré nommé Zen Habits ; Courtney Carver, une quinqua qui a fondé le Projet 333, une idée de garde-robe capsule qui invite à s'habiller pendant trois mois avec trente-trois vêtements ou moins, accessoires compris. Chez chacun, j'ai puisé les éléments qui me convenaient et laissé le

reste de côté. À mon sens, c'est notre capacité à prendre et à laisser, à ne pas tout accepter comme parole d'évangile, qui nous permet de choisir ceux que l'on souhaite avoir pour guides plutôt que de suivre béatement des gourous.

Ces gens sont ce que j'appelle de bons influenceurs, car ils n'essaient pas, à l'inverse de la plupart de ceux que l'on nomme ainsi, d'orienter nos habitudes de consommation, de nous diriger vers une marque de fard à paupières qui va mettre notre regard en valeur ou une crème qui nous fera miraculeusement mincir en trois semaines. Ils nous guident au contraire vers une vie plus simple, où nos habitudes de consommation sont beaucoup mieux maîtrisées.

Je n'ai pas l'ambition, comme la fameuse Bea Johnson, d'atteindre le zéro déchet, mais je fais ma part d'efforts. Je recycle soigneusement mon verre, mes bouteilles en PET (ou, mieux, j'évite d'en acheter, ayant toujours soin de prendre avec moi une gourde d'eau quand je vais me balader sur la plage) et j'utilise le compost au fond du jardin de Fabien et de Françoise pour mes pelures et autres déchets végétaux. Pourquoi alors ne pas moi aussi partager ma propre expérience, puisque c'est un sujet qui me passionne et dont je parle avec enthousiasme lorsqu'on me pose des questions ?

Ainsi, on vise une petite communauté de gens intéressés. Pas question en effet de faire du prosélytisme auprès de ceux qui ne sont pas sensibles à ces préoccupations. J'ai bien vu avec ma mère que cela ne servait à rien. Je me demande si, depuis mon départ, elle a continué à se désencombrer. Parfois, je la visualise toute seule dans sa maison pleine de choses, triste et amère.

Je songe aux figures maternelles qui m'entourent à présent : Éliane, que je soupçonne de retarder la vente de la librairie parce qu'elle sait que j'y ai trouvé à la fois un équilibre et une communauté, et Hélène, qui est un peu un modèle pour moi, celle que je me vois devenir au fil des ans, forte, affirmée, ne dépendant de personne, se suffisant à elle-même. Aucune de ces femmes n'est ma mère ni ne prétend la remplacer, mais chacune est un peu à l'image de la mère idéale que j'aurais pu avoir. Françoise, plus proche de moi en âge, est un peu la grande sœur que je n'ai pas eue. Fréquenter ces trois femmes m'aide à me réparer un petit peu plus chaque jour de l'amour que je n'ai pas reçu.

Dans ce processus de réparation, il y a surtout ma mère originelle, la mère nature, ma mère la mer, celle qui chaque jour m'apporte une myriade de bienfaits. Chacune de ses vagues qui vient me lécher les pieds, chacun de ses cadeaux sous la forme de coquillages ou de cailloux polis, chacun de ses ressacs dont le bruit m'apaise, me répare et me redonne cette énergie dont la vie nous assèche peu à peu.

Après quelques courses au marché pour remplir le frigo, je retourne dans mon studio avec en plus un cahier pour noter les idées qui fusent dans ma tête, tous les sujets que je pourrais aborder sur ma chaîne YouTube. Parler de choses pratiques, mais également de combien la vie gagne en qualité lorsqu'on s'est enfin désencombré. Les choix qui s'offrent à nous de dire oui à ce pour quoi le temps nous faisait défaut avant. Ne pas se retrouver devant un « et maintenant ? », parce qu'on a appliqué les préceptes de Marie Kondo à la lettre et qu'on contemple ses boîtes de tee-shirts impeccablement pliés en se demandant comment cela va changer notre existence. Je suis tellement perdue dans mes pensées et occupée à farfouiller dans mon sac pour mettre la main sur mes clés, que je traverse le jardin de Françoise et Fabien sans faire attention et manque de me heurter de plein fouet à un homme, qui s'écarte de mon passage à la dernière seconde. Je pousse un cri.

— Je suis désolé de vous avoir fait peur, mais vous ne regardiez pas devant vous ! me dit-il en anglais.

Je me tiens la main sur le cœur, au bord de l'infarctus. C'est l'ami qu'ont accueilli Fabien et Françoise, je l'avais totalement oublié. En le regardant un peu mieux, je m'aperçois que je le connais. C'est l'adepte de trekking qui a cochonné la librairie l'autre jour avec ses chaussures de marche pleines de boue, celui avec qui je me suis montrée si peu sympathique. Il me reconnaît également.

— Mais… Tu es la libraire ? Encore toutes mes excuses pour mes chaussures sales l'autre jour, dit-il avec un grand sourire qui me fait douter de sa réelle contrition.

— Oui, c'est ça… C'est oublié, ne t'en fais pas. Bon, ben… à une autre fois. J'imagine qu'on se recroisera.

Gênée, je le plante au milieu de la pelouse et fonce vers la porte de mon studio sans me retourner. Sur tous les clients que je croise à la librairie, il fallait que le seul avec qui j'ai eu un accrochage se trouve être l'ami de mes logeurs. Il doit penser que je suis psychorigide. Je me reprends aussitôt : et alors, que m'importe ce qu'il pense de moi ? Me soucier de l'opinion des autres à mon égard, je croyais avoir dépassé cela depuis un moment…

6

26 octobre
Je me tiens dans la posture de l'arbre, jambe gauche pliée et pied posé sur la face interne de la cuisse droite, depuis plus de trente secondes. Le regard perdu à l'horizon, je me concentre sur ma respiration pour ne pas perdre l'équilibre. Sasha, l'ami américain de mes logeurs, est là. On dirait qu'il a fait du yoga toute sa vie. Peut-être est-ce le cas.

Je l'observe discrètement entre deux postures. Il doit avoir la petite quarantaine. Difficile d'être plus précise. Ses rides au coin des yeux montrent qu'il a vécu, sa peau est hâlée et ses cheveux blonds, un peu longs, décolorés par le soleil. Ses yeux bleus ont la couleur de la mer qui lui fait face. Il n'est pas beau au sens classique du terme, mais je lui trouve beaucoup de charme. Il a dû sentir mon regard sur lui, car il se tourne vers moi et me sourit. Prise sur le fait, je rougis comme une adolescente et détourne la tête, gênée.

Après les postures du guerrier et de la chaise, Fabien nous demande de nous allonger dans celle du cadavre pour la relaxation finale. C'est ma préférée, malgré son nom peu engageant. La température est douce, mais je me couvre d'un plaid léger pour ne pas prendre froid après l'effort.

Une fois le cours terminé, je me dirige vers Françoise.

— Tu as besoin qu'on te ramène ?

— Non, je crois que je vais faire une balade. J'ai besoin de prendre un peu l'air !

L'excuse est un peu bancale, étant donné que nous sommes déjà dehors. La raison de cette envie soudaine de marcher est double. J'imagine que mes amis vont aussi proposer à l'Américain de le ramener et je n'ai pas envie de me retrouver à côté de lui dans la voiture. Il me met un peu mal à l'aise. L'autre raison, c'est que j'espère croiser Hélène. Cela fait une bonne semaine que je ne l'ai pas vue, et je commence à m'inquiéter. Je n'ai aucun moyen de prendre de ses nouvelles. Elle est, comme moi, adepte des balades très matinales, mais le samedi elle fait son marché avant d'aller à la plage, et il n'est pas rare qu'elle promène Erya vers midi seulement.

J'effectue mon aller-retour habituel sans apercevoir ni le golden retriever ni sa maîtresse. En revanche, de retour vers l'endroit où nous avons fait la séance de yoga, j'aperçois un homme, assis dans la posture du lotus, parfaitement immobile. En m'approchant, je le reconnais : il s'agit de l'Américain, qui n'a apparemment pas profité du moyen de transport de nos amis. Je bifurque vers le fond de la plage pour ne pas être vue et regagner l'arrêt de bus, mais Sasha me rattrape.

— *Wait* ! Attends…

Il arrive en courant dans ma direction.

— J'avais envie d'une bonne grillade de poissons. Fabien et Françoise m'ont conseillé un restaurant à Agde avec une terrasse flottante sur l'Hérault, encore ouvert à cette saison. Je me demandais si tu souhaitais m'y accompagner. Pour être franc avec toi, je n'ai aucune idée de comment m'y rendre depuis ici, alors si tu me guides je t'invite avec plaisir. Ainsi, nous ferons connaissance.

Ma première impulsion est de lui répondre que je ne suis pas guide touristique, mais cet homme n'a rien fait à part traîner ses pieds sales dans la librairie et m'aborder de manière tellement directe que je ne trouve plus mes mots. Pourtant, un simple non suffirait. J'ai appris à m'affirmer, et ne me suis pas privée de l'usage de ces trois lettres ces derniers mois. Contre toute attente, je m'entends dire :

— OK !

Je ne comprends pas ce qui m'a pris. Je n'arrive pas à croire que je viens de sonner le glas d'un après-midi que je me réjouissais de passer sur le transat de ma terrasse, plongée dans un bon roman. Je me retrouve pourtant en train d'attendre le bus avec un parfait étranger… avec qui je viens d'accepter d'aller manger.

Je repense à ma dernière conversation avec Hélène. À propos des malentendus. Sasha, qui est tout de même plus sexy que Jean-Claude Dusse, m'a tellement déstabilisée avec sa proposition que j'ai dit OK tout en pensant non. Pensais-je vraiment non ? Est-ce le fait de devoir m'exprimer en anglais qui m'a embrouillé le cerveau ? Je ne me comprends pas ma réaction.

Pour briser l'inconfort de notre proximité silencieuse, je lui demande, en anglais, de quelle partie des États-Unis il est originaire.

— Du New Jersey. Mais je suis de partout, en fait.

Je suis de partout… Citoyen du monde… blablabla. Je trouve ces déclarations d'un cliché ! Je ne sais pas ce que j'ai, mais je suis sur la défensive. C'est qui, ce type sûr de lui, à la limite de l'arrogance, qui invite une fille qu'il ne connaît pas à partager un repas ? Peut-être est-ce juste parce qu'il est américain, donc d'une culture qui n'a pas les mêmes codes que la nôtre. Pourtant, avec les applis de rencontres, ces codes-là aussi ont dû se globaliser, non ? Qu'est-ce que je fais là, avec lui, à animer une conversation non souhaitée ?

— Ah bon ? Dis-moi ce que tu entends par là…

On ne peut pas dire que la réponse à cette question m'intéresse, mais je pourrai au moins, pendant qu'il bavardera, admirer le paysage par la vitre du bus, à défaut de m'immerger dans mon roman. L'Américain commence en effet à me raconter l'histoire de sa vie. Si, au début, je fais mine de l'écouter tout en suivant le fil de mes pensées, il parvient assez vite à éveiller mon intérêt. J'abandonne ma mauvaise humeur et ma méfiance. Je dois l'avouer, son histoire est réellement fascinante.

D'origine russe par son père, Sasha a grandi dans le New Jersey. Après « le *high scool* », comme il dit, il s'est endetté pour se donner la chance d'étudier au MIT de Cambridge, dans le Massachusetts, où il a été accepté. Il a ensuite été engagé dans une start-up de la Silicon Valley. Le rêve américain personnifié, que son père, qui avait fui l'URSS au début des années 1980, l'avait vivement encouragé à embrasser. Son ambition était de gravir les échelons, de se marier, d'avoir deux gosses, un SUV et une maison avec jardin. Mais la vie, me confie-t-il, en a décidé autrement. Malgré moi, je ne peux m'empêcher de lui poser la question :

— Qu'est-ce qui t'est arrivé pour que tu te retrouves ici, un samedi d'octobre, à un cours de yoga sur la plage de Vendres ?

— Il m'est arrivé que quelqu'un, là-haut, a eu l'idée de tirer le tapis sous mes pieds. Toute ma vie s'est cassé la gueule d'un coup. Ça a commencé par une fatigue intense. Je me disais que c'était le stress, les nuits avec trop peu de sommeil… Mais comme ça durait, je suis allé consulter. Le verdict est tombé : leucémie…

— Oh mon Dieu, je suis désolée !

— Ne le sois pas, c'est derrière moi. Mais ce n'était que le début des emmerdes. Le traitement m'a fatigué encore plus que la maladie. Au boulot, on m'a fait comprendre que mes performances avaient trop baissé pour qu'on me garde au même poste. On n'a pas osé me virer, mais je me suis retrouvé dans un job qui était bien en dessous de mes compétences.

La situation de Sasha me fait un peu penser à la mienne, et à Marisa qui me reprochait de ne plus avoir la niaque. Bien sûr, la maladie donne une tout autre dimension au problème, mais cela montre à quel point notre société, dans sa course à la performance, ne pardonne pas la baisse de motivation, quelle qu'en soit la raison, maladie du corps ou de l'âme, cancer ou burn out.

— J'ai dû accepter une réduction de salaire, et mes frais médicaux n'ont pas tous été pris en charge par mon assurance. J'avais à peine remboursé mes dettes universitaires que je me retrouvais à devoir hypothéquer la maison que j'avais achetée avec ma fiancée, Karen, celle avec qui j'avais planifié la maison, le SUV et les deux enfants. Heureusement, dans ce plan de vie bien réglé, nous n'avions pas encore les enfants. Peu de temps après, j'ai dû vendre la maison et le SUV, et Karen m'a quitté.

Sasha a dû voir mon air effaré devant tant de catastrophes tombant sur le même individu. Je n'ai jamais su cacher mes émotions, paraît-il.

— Mais c'était pour le mieux, et je n'ai aucun regret. Je pense que c'était exactement la claque qu'il me fallait pour comprendre que je n'étais qu'un hamster tournant dans sa roue, que je n'avais fait rien d'autre que de courir après les ambitions que mon père avait pour moi. Une fois en rémission, j'ai quitté mon job, vendu tout ce que je possédais à l'exception de mon ordinateur portable et de quelques affaires qui tenaient dans un sac à dos, et je suis parti voir le monde. C'était un rêve de gosse, que j'avais mis de côté parce que ce n'était pas réaliste et que je pensais que des études et un boulot sûr seraient un meilleur garant de bonheur. Résultat, je me suis retrouvé à trente ans sans rien, et il ne me restait plus qu'à repartir de zéro et à réaliser ce rêve de gosse.

À ce moment-là, alors que nous sommes installés sur une terrasse flottante des quais d'Agde, une assiette de saint-jacques gratinées devant moi, je ne tiens plus et raconte à mon tour à Sasha comment je me suis retrouvée dans le Midi. Je lui raconte Paris, mon boulot dans la maison d'édition, mes ambitions, mes déceptions, les espoirs et les trahisons, ma mère et son syndrome de Diogène, la sœur qu'on m'avait cachée. Je parle pendant ce qui me semble des heures, comme si j'avais décidé de briser ce silence que je m'étais imposé jusque-là sur ma vie d'avant, que je n'avais rompu que quelques rares fois auparavant pour raconter ce qui m'avait menée jusqu'ici à Françoise, Éliane ou Hélène. Je m'épanche, un peu trop même... Tout à coup, je me rends compte que je tiens le crachoir sans discontinuer et m'arrête, un peu honteuse.

— Enfin, je me rends compte que ce n'est pas du tout la même situation que la tienne. Je me suis laissé emporter...

Sasha me rassure :

— Si, je vois bien ce qu'il y a de similaire dans nos deux destinées. On s'est mis à l'écart d'un système dans lequel on ne se reconnaissait plus. On s'est exclus volontairement avant de se retrouver relégués au placard. On est des *misfits,* comme dans ce film avec Marylin Monroe et Clark Gable, qui parle de ce petit groupe de désenchantés du rêve américain. Parisien dans ton cas. On a cherché une autre route, une autre façon de vivre qui nous convient mieux.

Je trouve que le terme *misfits,* « ceux qui sont mal ajustés », correspond bien à notre réalité. Le traduire par « marginaux » est un peu trop péjoratif. Une question me taraude, que je lui pose :

— Je sais que ce n'est pas une question qui se pose normalement entre gens bien éduqués, mais… comment gagnes-tu ta vie ?

— J'écris… Des récits de voyage, principalement. J'y raconte mes rencontres. Naturelles et humaines. Quelques réflexions sur la vie, aussi, mais je ne me prends pas pour un philosophe. Le tout assorti de photos. C'est une autre de mes passions, la photographie. Au début, c'était sur un blog. J'avais de plus en plus d'abonnés, et certains m'ont demandé si je pensais à publier un recueil de ces récits. Alors j'y ai sérieusement pensé. J'ai même fini par envoyer mes textes et mes photos à un éditeur, et ça a fonctionné !

— Et ça te rapporte beaucoup ?

Décidément, j'enchaîne les questions taboues, mais j'ai le sentiment qu'avec Sasha rien n'est tabou. Il est ouvert à la discussion, et le fait qu'il ait choisi cette autre route, qu'il ne colle pas aux standards, rend ce genre de curiosité normale.

— Beaucoup, non. Tout est relatif. Disons que cela me rapporte assez, assez pour me déplacer d'un pays à un autre, dormir chez l'habitant, le couchsurfing, on appelle ça. Au début surtout, quand j'étais vraiment à court d'argent, je pratiquais le wwoofing. J'aidais des agriculteurs dans les fermes bio contre le gîte et le couvert. J'ai appris énormément. J'ai aussi passé un mois au Costa Rica à aider les bébés tortues à regagner la mer. Je m'y suis senti bien plus utile qu'à pondre des lignes de code à la Silicon Valley.

Ce que me raconte Sasha ouvre mille perspectives dans mon esprit. Je ne sais pas si je serai un jour capable, comme lui, de réduire encore mes possessions pour les faire entrer dans un sac à dos et aller me rendre utile là où on a besoin de moi. Je pense qu'un homme plutôt bien bâti comme lui a moins de risques de tomber sur de gros ennuis qu'une petite femme d'un mètre soixante. Je sais que certaines le font aussi, mais je n'ai jamais été courageuse, encore moins téméraire. J'ai dû penser à voix haute, car Sasha me répond :

— Ta façon d'agir, intégrée à une communauté, est importante aussi. On ne peut pas tous être nomades, être des « clochards célestes », comme dit Jack Kerouac.

Cette expression, je l'ai déjà croisée, dans un livre de Sylvain Tesson si ma mémoire est bonne. C'est un des auteurs que j'adore conseiller aux lecteurs de la librairie, un écrivain voyageur lui aussi, comme l'homme qui est en face de moi.

— Vous désirez un café ?

Je sursaute et regarde autour de moi. Peu à peu, la terrasse s'est vidée de ses clients. Non seulement l'heure de la fin du service approche, mais le ciel se charge à l'horizon, et si la température était agréable jusque-là, un vent froid s'immisce à présent sous mon pull.

Nous commandons le café et demandons l'addition pour pouvoir libérer le serveur, qui a visiblement envie de prendre sa pause. Après une balade digestive sur les quais, nous reprenons le bus pour retourner chez Fabien et Françoise.

Sasha me parle de ses projets du lendemain : voir la cité médiévale de Carcassonne et Rennes-le-Château. Il rêve de visiter le bourg occitan depuis qu'adolescent il a joué à *Gabriel Knight,* un jeu vidéo qui se déroule dans les rues de ce village, connu pour son mystérieux abbé Saunières et le trésor qu'il aurait trouvé. Je trouve étonnant qu'une légende locale ait pu inspirer des concepteurs de jeux américains.

— Ces endroits valent la peine d'être vus ?

— Lequel, Carcassonne ou Rennes-le-Château ? Cela va te choquer, mais je ne connais ni l'un ni l'autre.

— Tu n'y es jamais allée ?

— Non. Tu dois trouver cela incroyable, je suppose, mais c'est pourtant vrai.

Venant d'un pays où les distances sont immenses, il ne doit pas concevoir que chaque Français ne connaisse pas ce tout petit pays comme le fond de sa poche. Comment lui expliquer qu'avec Anne-Lise on ne voyageait pas, qu'elle ne voyait pas l'intérêt de quitter sa maison, et qu'ensuite, quand je suis montée à Paris, je n'avais plus aucune envie de retourner dans une région où j'avais passé une enfance sans joie ? Pourtant, aucun jugement dans sa réponse.

— Tu sais, je connais des gens du Connecticut qui n'ont jamais mis les pieds à New York City en cinquante ans d'existence. De Stamford à Grand Central Station, ce n'est pourtant qu'une quarantaine de minutes de train… Donc, non, je ne trouve pas ça si incroyable. Ça te dirait de m'accompagner ?

Je croise le regard de Sasha, son sourire qui éclaire tout son visage. Ce que j'avais pris au départ pour de l'arrogance n'est rien d'autre que de la confiance en soi. Je ne le connais pas beaucoup, mais je suis à peu près persuadée qu'il ne se vexerait pas si je disais non, qu'il ne serait même pas déstabilisé. Il se dirait peut-être que c'est dommage, qu'il aurait bien aimé connaître un peu mieux cette fille du Midi, l'emmener en balade, mais il se dirait aussi que c'est tant pis… Il continuerait son séjour chez Françoise et Fabien, puis refermerait son sac à dos et repartirait vers de nouvelles contrées, de nouveaux amis lointains, de nouvelles rencontres, sans un regret, sans un regard derrière lui. Je ne sens aucune pression dans la façon qu'il a de me regarder, et c'est pourquoi je réponds :

— D'accord ! J'accepte avec joie.

Pas comme tout à l'heure, parce que je suis prise de court, ni pour lui faire plaisir ou pour ne pas le décevoir, mais simplement parce que moi aussi j'en ai envie.

7

27 octobre

Je parcours les remparts de Carcassonne pour la première fois. Pourtant, ils se trouvent à une heure à peine de là où j'ai grandi. J'explique à Sasha qu'Anne-Lise préférait guetter la prochaine bonne affaire devant son poste de télévision plutôt que de visiter les sites historiques de la région.

Très vite pourtant, la déception m'envahit. Les hordes de touristes qui arpentent la ville, même si nous sommes supposés être hors saison, me gâchent un peu le plaisir de la découverte. Sasha m'assure que c'est partout pareil. Florence, Dubrovnik, les chutes du Niagara, le Grand Canyon, Venise… dans laquelle les bateaux de croisière viennent régulièrement régurgiter des milliers de gens gangrenant les rues autour de la fameuse place Saint-Marc. Tous ces sites touristiques sont envahis de monde à toute période de l'année.

— Tu as lu *Inferno,* le roman de Dan Brown ? me demande-t-il.

— Non… j'avoue que je ne suis pas très fan. Je préfère les livres un peu moins grand public.

— Je te l'accorde, le *Da Vinci Code* est truffé de clichés, mais je t'assure qu'*Inferno* est une excellente réflexion sur la surpopulation. C'est un des livres qui m'a énormément fait réfléchir après ma maladie. Il ne faut pas croire que les bouquins qui changent la vie sont toujours écrits par d'obscurs philosophes.

Je suis Sasha, qui préfère éviter les hauts lieux touristiques et sortir des sentiers battus. Il m'entraîne au travers des ruelles, nous sortons de la Cité et empruntons un chemin qui semble se perdre dans les vignobles. Au fur et à mesure que nous nous éloignons et que nous grimpons, la foule se fait rare. Je respire à nouveau. J'admire les feuillages des ceps qui prennent des teintes rouges et jaunes en automne. Après une bonne demi-heure de marche, il s'arrête et me dit :

— Retourne-toi, maintenant.

Je lui obéis et la vue me coupe le souffle. D'ici, la Cité de Carcassonne m'apparaît dans son entier, telle qu'elle devait être dans sa splendeur médiévale. Je peux même imaginer l'armée des croisés en assiéger les murs et tenter de la réduire en flammes pour éradiquer ce qu'ils appelaient l'hérésie cathare. J'en fais la peinture à Sasha, qui m'explique que, pour lui qui vient d'un pays relativement neuf, c'est un émerveillement à chaque fois de découvrir des vestiges qui remontent aussi loin que le Moyen Âge. Il ajoute cependant que les Américains savent bien mettre leur histoire récente en valeur. Il me parle de Plymouth, où les premiers colons ont débarqué avec le *Mayflower,* et qui maintenant met en scène des figurants qui jouent la vie quotidienne de l'époque devant les yeux des touristes. Il n'est pas contre une mise en scène un peu hollywoodienne, quand c'est pour la bonne cause.

Alors que nous redescendons vers la voiture que Fabien a mise à notre disposition pour la journée, une question me vient à l'esprit :

— Où et comment as-tu rencontré Fabien ?

— Dans un ashram à Rishikesh. Il venait suivre une formation de yoga, et moi, juste après l'annonce de ma rémission, j'apprenais à méditer, persuadé que si je ne voulais pas replonger dans la maladie je devais soigner mon terrain. Mon corps et mon esprit à la fois.

— Et ça t'a aidé à guérir ?

— Ça, je ne sais pas, mais je suis toujours en rémission. Ce qui est certain, c'est que cela m'a aidé à lâcher prise, à vivre dans l'instant.

— Ah oui, le fameux lâcher-prise ! Pas facile… On croit qu'on y est, qu'on le maîtrise, et puis on retombe dans la compulsion de tout contrôler.

— Oui, c'est dans notre nature… Si tu essaies de le maîtriser, évidemment, ça ne peut pas fonctionner ! La maîtrise est un peu l'antithèse du lâcher-prise… En tout cas, ne t'imagine pas que c'est là-bas que tu peux éviter le tourisme de masse. Ces ashrams sont de plus en plus populaires aux yeux des Occidentaux.

Nous reprenons la route en cultivant le silence pendant un moment, sans que celui-ci ne devienne gênant comme la veille.

Nous remontons dans la voiture pour poursuivre notre route jusqu'à Rennes-le-Château. Au moment où nous traversons Limoux, je me souviens que c'est la ville d'origine de mon père, d'après les confidences d'Éliane. J'en retiens une grande esplanade bordée d'arbres et la traversée d'un vieux pont enjambant l'Aude.

Après la visite de l'église Sainte-Marie-Madeleine de Rennes-le-Château, avec son mystérieux diable ailé porteur de bénitier, nous admirons la tour Magdala, construite par l'abbé Saunières et dont l'extravagance dans ce petit village sans prétention a lancé les rumeurs au sujet de la mystérieuse fortune du curé. Depuis là, la vue sur les Pyrénées est imprenable. Aussi efficacement que la mer, les montagnes, majestueuses et intemporelles, me renvoient à ma condition éphémère d'être humain. Ma présence au monde devient tout ce qui compte, cette plénitude de l'instant, pendant laquelle je me sens subitement reconnaissante pour cette vie qui m'a été donnée.

Des rafales de vent se déchaînent soudain et je serre mon gilet de laine autour de moi, rompant le moment de grâce.

— Tu as froid ? me demande Sasha

— Un peu, mais ça va. J'aime bien le côté dramatique de ces nuages qui s'amoncellent à l'horizon. Ça ajoute au côté mystérieux de l'endroit, tu ne trouves pas ?

— Absolument. Comme si les cieux étaient prêts à s'ouvrir, et un éclair à en jaillir pour nous révéler l'emplacement du trésor !

— Mais toi, tu dois savoir où il se trouve, non ?

— Comment ça ?

— Tu ne m'as pas dit que tu avais joué à un jeu vidéo qui se déroulait à Rennes-le-Château, dans ton adolescence ?

Sasha rigole.

— En effet, mais je ne suis jamais arrivé au bout. C'était un de ces jeux à énigmes complexes où il fallait utiliser des objets de son environnement pour progresser. Je n'ai jamais été très doué là-dedans. Je crois que j'ai abandonné au moment où il fallait se confectionner une paire de moustaches avec du sirop d'érable et des poils arrachés à un chat. Complètement contre-intuitif…

— Donc, si je comprends bien, je t'ai accompagné pour rien. Moi qui pensais utiliser ton expertise pour mettre la main sur un trésor et ne plus travailler un seul jour de mon existence…

— C'est ton rêve ? Je veux dire, si tu pouvais avoir tout l'argent que tu veux, tu aimerais ne plus travailler ?

J'avais dit cela spontanément, pour plaisanter. Je prends quelques secondes pour réfléchir sérieusement à sa question.

— Non, je ne crois pas… Disons que je ne veux plus travailler dans un endroit où on me demande d'aller contre mes principes, mon éthique. Mais ne plus travailler du tout, non, ce n'est pas ce que je souhaite. Si j'avais les moyens, je me lancerais dans une activité bénévole. L'oisiveté totale, ce n'est pas pour moi. Je l'ai expérimentée pendant quelques jours chez ma mère alors que cela faisait longtemps que je n'avais pas pris de vraies vacances, et cela ne m'a pas réussi. Je crois qu'on a besoin de donner du sens à ses journées.

Je lui explique alors mon idée de chaîne YouTube pour parler de désencombrement et de retour à une vie plus simple, plus authentique. Il m'encourage, me dit que c'est une bonne initiative. Il me promet de faire partie de mes premiers abonnés. Je souris.

— Mais elle sera en français, tu sais !

— Justement, cela me donnera l'occasion de l'apprendre.

— Combien de temps penses-tu rester dans le coin ?

— Encore deux semaines environ. Ensuite, départ pour le Brésil et l'Argentine, où je vais rejoindre des amis. On verra s'il y a autant de monde pour admirer les chutes d'Iguazú qu'entre les murailles de Carcassonne.

J'éprouve un petit pincement au cœur à l'idée que Sasha, dans deux semaines, va refermer son sac à dos et partir à la découverte d'autres contrées. C'est idiot, je le connais à peine ! J'imagine qu'il a, avec son physique plutôt avantageux, une femme qui l'attend dans chaque port. Est-ce que je ressens également un peu de jalousie à cette idée ? Non, ce serait ridicule…

Nous parcourons les quelque cent cinquante kilomètres qui nous séparent de chez Fabien et Françoise en discutant de tout et de rien, mais principalement des endroits du monde qu'a visités Sasha. Je lui demande qu'il me donne les références de ses livres publiés afin que je les commande pour la librairie. Les écrivains voyageurs ont toujours la cote auprès des lecteurs, et puis, pour être honnête, je suis bien curieuse d'y jeter un coup d'œil.

Une fois de retour, nous discutons encore, réticents à nous séparer. Sasha me propose une balade sur la plage si, précise-t-il, je ne suis pas lassée de sa compagnie. Je ne le suis pas. Je lui raconte mes promenades matinales et l'effet thérapeutique qu'a la mer sur moi. Il me confie trouver ce même bien-être en forêt, au milieu des arbres, même s'il aime beaucoup la mer aussi. Son rêve, quand il aura épuisé le monde et qu'il sera trop vieux et lassé de voyager, c'est de se construire une cabane dans la nature, comme Henry David Thoreau. L'écrivain américain, qui est l'un des ancêtres du minimalisme, en fait le récit dans *Walden ou la Vie dans les bois.*

Nous admirons ensemble le coucher du soleil, assis sur le sable, et je commence à me demander si Sasha va m'embrasser. Moi qui n'avais pas envie de m'encombrer d'un homme, me voici en train de désirer celui qui est à présent à mes côtés. Lui, en tout cas, ne risque pas de m'encombrer… Dans deux semaines, il partira. À cet instant, pourtant, il est près de moi, et j'ai une conscience aiguë de sa présence troublante à mes côtés. Comme s'il avait senti mon appel muet, il se retourne vers moi, passe la main dans mes cheveux, caresse ma joue et embrasse mes lèvres doucement, tandis qu'à l'horizon le ciel flamboie des derniers rayons du soleil couchant.

8

28 octobre

Je me réveille et, dans un demi-sommeil, tends le bras et ne rencontre que du vide. Je regarde l'heure sur mon téléphone : 7 h 34. Sasha a dû retourner sur le canapé du salon de ses hôtes. Ce n'est pas la première fois que cela m'arrive, de m'endormir auprès d'un homme et qu'il ne soit plus là à mon réveil. Je devrais y être habituée. Pourtant, j'avais pensé qu'avec lui ce serait différent. Je tente de me raisonner : je n'ai pas besoin de Sasha, ni de qui que ce soit d'autre, et de toute façon il sera sorti de ma vie dans deux semaines. Et puis, je ne sais pas de quoi j'ai rêvé cette nuit, mais l'envie de mettre en place cette chaîne YouTube sur le minimalisme est de plus en plus présente à mon esprit, entêtante. Mieux que cela, j'ai envie de l'accompagner d'un blog. J'ai aimé rédiger des critiques de livres sur mon premier blog, et cet acte d'écrire me manque. L'idée de petits essais autour du minimalisme me démange le bout des doigts.

Je me lève, comme tous les matins, et mets un peu de café moulu dans la cafetière italienne. Depuis que j'ai revu mon train de vie à la baisse, j'ai dit adieu aux machines sophistiquées dont les capsules coûtent horriblement cher. Je sors sur le balcon avec mon mug fumant et manque de trébucher sur Sasha, assis dans la posture du lotus, en pleine méditation. Il ne s'est donc pas enfui, contrairement à ce que je pensais. De plus, si j'en crois le sac en papier posé sur la table, il a pris le temps d'aller à la boulangerie et d'en rapporter des croissants.

Je le laisse terminer sa méditation et dresse la table à l'intérieur. Le froid est piquant ce matin malgré le beau temps, trop pour un petit déjeuner dehors. Quand il me rejoint, je lui raconte l'impulsion, qui m'a prise au réveil, d'écrire en plus de mettre en ligne des vidéos, et je lui confie ma crainte de ne pas y arriver. Il me répond :

— *Wu wei.*

— Pardon ?

— *Wu wei,* ça vient du taoïsme, ça veut dire « ne pas essayer », « y arriver sans y mettre sa volonté ». C'est le mouvement de vie sans l'intention, sans l'ego qui interfère, ce qu'on appelle aussi « être dans le flux ». C'est ce qui te permet de créer sans t'acharner à le faire. C'est de cet état-là que sortent les meilleures choses. C'est comme ça que j'écris.

— Mais comment te mets-tu dans cet état-là ?

— La méditation peut aider, ou la marche sur la plage. Ensuite, tu te mets devant ton écran ou tu prends un papier et un crayon, comme tu préfères, et tu commences à écrire. Tu verras, au début c'est difficile, tu auras l'impression que c'est mauvais, mais tu continues. Au bout d'un moment, le *wu wei* arrive. Ça marche presque à tous les coups. En fait, tu dois juste essayer de ne pas essayer.

— Et ton *wu wei,* il ne s'applique qu'à la création ?

— Non, bien sûr que non ! Il s'applique à tous les domaines de la vie. Imagine la rivière qui coule, elle rencontre un obstacle et le contourne. Eh bien, c'est ça, le *wu wei,* s'adapter aux contraintes de la vie, être flexible, trouver l'équilibre entre soi et son environnement, entre son mental et son être véritable. C'est donner des vacances à son *control freak* intérieur, arrêter de vouloir être parfait, laisser son authenticité s'exprimer. C'est avoir la conscience que l'on crée ses pensées, que l'on choisit celles qu'on décide de nourrir, qu'elles ne nous contrôlent pas.

— C'est intéressant, comme concept…

Avec Sasha, nous terminons notre petit déjeuner, puis il s'éclipse, ayant prévu une tournée des châteaux cathares. Il m'a proposé de l'accompagner, mais il est hors de question que je lâche Éliane pour la librairie. Je fais un peu de ménage et pars pour ma balade quotidienne sur la plage, même si mon emploi du temps a été chamboulé par la nuit dernière.

Je repense à ces heures que nous avons passées dans mon lit, un peu trop petit pour deux. Heureusement pour Sasha, il est habitué à dormir dans des sacs de couchage ou sur des canapés chez l'habitant. J'ai eu un peu plus de mal que lui à trouver le sommeil. Sasha est un amant généreux, attentionné. Ce que j'ai ressenti avec lui, c'était différent d'avec les autres. Un moment qui n'appartenait qu'à nous, plus qu'une fusion des corps, la rencontre de nos âmes. Malgré les échecs, les déceptions, mon cœur s'ouvre encore une fois à l'amour. Je m'émerveille de la capacité de résilience d'un cœur humain.

J'essaie de ne pas me dire que c'est dommage que Sasha ne soit que de passage, de rester dans le *wu wei,* le flux de la vie, de ne pas lutter contre ce que je ne peux pas changer, ne pas m'inquiéter de ce sur quoi je n'ai pas prise. Je ne suis responsable que de moi-même et de mes pensées. Je choisis de penser que rencontrer Sasha était une bénédiction, même s'il ne fait que passer. La flamme qu'il a rallumée dans mon cœur, il est de ma responsabilité de la préserver, quels que soient les aléas de la vie.

Je ne croise pas Hélène et Erya sur la plage, ce qui n'est pas surprenant, vu que je suis partie plus tard que d'habitude. Ce matin, après toute une journée et une nuit en compagnie, je suis plutôt contente de me retrouver seule avec mes pensées. J'espère juste qu'elle va bien. C'est la première fois depuis que je la connais qu'il se passe aussi longtemps sans que je l'aperçoive. Si elle devait disparaître de ma vie, comme Sasha, elle me manquerait.

Je songe qu'en lâchant Paris et mes collègues de travail, qui étaient le centre de mon monde, je me suis offert l'opportunité de rencontrer ces gens extraordinaires, qui m'apportent des pépites de sagesse, des étincelles de joie et d'authenticité. Note bien ceci, Marie Kondo, les vraies étincelles de joie, ce sont les gens qui te les apportent, par leur présence, pas des objets inertes incapables de sentiments.

J'ai l'impression d'avoir été aveugle à l'essentiel pendant toute une partie de ma vie. Comme si, dans cette course à la carrière, au statut social, à l'homme idéal, je m'étais perdue moi-même. Il aura fallu que je prenne le risque de tout perdre, de tout lâcher, pour découvrir des trésors bien plus précieux que tout ce que je tenais pour important avant.

9

11 novembre

Ce matin est le jour du départ de Sasha. Après notre deuxième nuit ensemble, il a déplacé son sac à dos chez moi et nous avons passé toutes les nuits dans mon petit lit, à l'exception d'une : il a dormi à la belle étoile sur le mont Canigou, dont il avait entrepris l'ascension avec Fabien et un de ses amis.

Je l'ai accompagné pour une de ses randonnées du week-end, à vélo, le long du canal du Midi, une balade au cours de laquelle je me suis rendu compte que mes fesses possédaient des muscles, et que ceux-ci n'étaient pas assez sollicités, malgré le yoga et la marche.

La vie avec Sasha est facile. Nous rions souvent, discutons avec aise, savons aussi nous taire sans gêne pour profiter ensemble d'un beau panorama. Il m'a confectionné des plats avec des épices que je n'avais jamais utilisées, comme son fameux poulet tikka masala, dont j'ai noté la recette et que je compte bien essayer de reproduire.

Par le passé, j'aurais été déchirée à l'idée de le perdre. Je n'aurais pas pu profiter pleinement des deux semaines qu'il nous a été donné de vivre ensemble ; elles auraient été gâchées par l'idée obsédante de son proche départ. Je me suis appliquée à repousser cette pensée chaque fois qu'elle essayait de s'imposer dans ma tête, choisissant de revenir au moment présent et à ce que nous vivons, qui est précieux. Tout ce qui est précieux est forcément rare et éphémère. La vie elle-même est éphémère. Et si précieuse.

Hier soir, pour notre dernière soirée ensemble, nous avons été invités à manger une fondue chinoise avec Fabien et Françoise. À un moment donné, je me suis extraite de la conversation pour observer la scène, ces trois amis, que je ne connaissais pas il y a seulement quelques mois, mais qui ont maintenant trouvé dans ma vie une place prépondérante. Je les ai regardés rire, parler, et je me suis sentie pleinement heureuse en leur présence.

Nous voici sur le quai de la gare de Béziers. Le train est annoncé à l'heure. Les aléas de la SNCF ne joueront pas en notre faveur, cette fois-ci, ne nous permettront pas de prolonger les adieux. C'est peut-être mieux ainsi. Je n'ai jamais aimé les au revoir. Je me souviens d'autres scènes sur le quai d'une gare, à Paris où à Genève, chaque fois que je quittais Stéphane, l'amour de mes années d'étudiante. Je refuse, aujourd'hui, de vivre le même déchirement. Malgré tout, j'ai envie de pleurer. Pas de ce désespoir issu de la conviction que l'on ne peut pas vivre sans quelqu'un, car je sais à présent que, pour vivre, je n'ai besoin de nul autre que de moi-même, mais de cette nostalgie des bons moments qui s'enfuient sans qu'on puisse les retenir.

Sasha essuie une larme sur ma joue et me dit :

— On se reverra, tu sais…

— Tu crois ?

— On ne sait pas ce que la vie nous réserve, mais, oui, j'ai envie d'y croire…

Nous nous embrassons une dernière fois et il monte dans le train, m'adressant un petit signe de la main. Je n'attends pas de voir s'il apparaît à la fenêtre, je me dépêche de quitter le quai de la gare. Aujourd'hui, c'est férié, je n'aurai donc pas la librairie pour me changer les idées, mais j'ai envie d'écrire pour mon blog.

J'ai posté il y a quelques jours la vidéo d'introduction de ma chaîne YouTube. Trente-cinq vues. Ce n'est pas énorme, mais, comme on dit, Rome ne s'est pas bâtie en un jour. Je me suis inscrite à une formation en coaching, et je pense proposer bientôt des séances en ligne aux gens qui seraient intéressés par le désencombrement et le minimalisme. Des gens las du consumérisme et des injonctions à acheter toujours plus, des gens prêts eux aussi à prendre une autre route.

Épilogue

22 décembre

Ce soir, nous fêtons le Noël des clubs de lecture et des tricothés à la librairie. Un apéritif dînatoire, où chacun a apporté des boissons et des mets faciles à manger au milieu des livres. Le thé et le café ont été remplacés par du champagne. Nous avons convenu de ne pas nous offrir de cadeaux, pour ne pas encourager les excès de la société de consommation. Un repas partagé nous suffit. Bien entendu, personne n'a obéi, et je vois des échanges de présents se faire dans mon dos. N'ayant pas totalement respecté la consigne moi non plus, je fais signe à Tim de venir vers moi :

— Tiens, c'est pour toi !

Il découvre, ému, l'écharpe que j'ai fini de tricoter pour lui. J'ai terminé hier soir vers onze heures, veillant bien plus tard que d'habitude pour pouvoir lui offrir ce que je lui avais promis. J'avoue m'en être bien sortie, même si j'ai souvent eu l'impression d'être Pénélope attendant le retour d'Ulysse et défaisant son ouvrage chaque soir pour ne pas être mariée de force à un autre, sauf que la raison qui me poussait à détricoter tenait aux mailles perdues par manque d'expérience. Cela dit, l'écharpe est achevée et j'en suis plutôt fière ! Tim la met immédiatement autour de son cou, même s'il fait 25 °C dans la boutique.

Je n'ai revu Hélène que le lendemain du départ de Sasha, comme si mon désir de la croiser un jour où je me sentais un peu plus triste et seule que d'habitude l'avait fait se matérialiser à nouveau. Elle ne m'a donné aucune explication sur son absence prolongée, et je ne lui en ai pas demandé. Ce n'est pas comme ça que nos relations fonctionnent. Je l'ai invitée ce soir, et après m'avoir répondu son désormais fameux « on verra ! », elle n'est pas venue, ce qui ne m'étonne pas. Hélène est pour moi « Hélène de la plage », et toute rencontre en dehors de cet endroit me paraîtrait sans doute incongrue. De plus, je ne pense pas qu'Éliane verrait d'un bon œil un golden retriever s'ébattre dans la librairie.

Françoise et Fabien nous ont fait faux bond eux aussi, ils ont profité des vacances de Noël pour partir en Laponie voir les aurores boréales. Ils m'ont promis une carte postale.

Je n'ai eu aucune nouvelle de Sasha depuis son départ. Je n'en attendais pas spécialement, et je me doute qu'entre le Brésil et l'Argentine il n'a peut-être pas de réseau Internet. J'essaie de repousser l'image d'une beauté brune qui aura su l'ensorceler. Une femme dans chaque port… Nous ne nous sommes pas fait de promesses. J'y pense souvent, évidemment, mais ma vie est bien remplie et je ne me laisse pas apitoyer par l'absence ou le manque. Je suis bien entourée, et j'ai deux activités qui me comblent de joie : mes après-midi à la librairie et mon activité de blogueuse.

Le nombre d'abonnés de ma chaîne YouTube avoisine à présent les cinq cents et, même si je ne veux pas mesurer mon succès à cela, ce qui équivaudrait à compter ses like sur Facebook, je suis surprise et enchantée de constater que des gens s'intéressent à mon message, que mon initiative répond à un besoin, que je contribue à quelque chose d'utile et peut-être même d'essentiel.

L'autre jour, alors que je cherchais du papier kraft, des peintures et des paillettes au supermarché de Sérignan pour donner un esprit de Noël à la librairie avec les enfants du groupe de lecture junior, j'ai aperçu Anne-Lise de loin. Elle était au rayon saisonnier, en train d'hésiter devant les guirlandes lumineuses. Je me suis souvenue que, pendant l'été, j'étais parvenue à la convaincre de se séparer d'un excès de décorations de Noël. Voilà qu'elle était en train de les remplacer, sans doute angoissée devant le vide (tout relatif) laissé par nos séances de tri. C'est le tonneau des Danaïdes à l'envers, c'est-à-dire un tonneau qui se remplirait au fur et à mesure qu'on le vide. En hésitant, j'ai commencé à m'approcher d'elle pour la saluer et lui parler. Je n'étais plus qu'à quelques pas quand j'ai fait volte-face. Je n'étais et ne suis toujours pas prête à m'exposer à sa toxicité. Sans doute ne le serai-je jamais.

En revanche, en observant sa silhouette anxieusement penchée sur les multiples choix que nous offre la vie moderne sous couvert de nous rendre service, deux sentiments m'ont envahie simultanément : la pitié et le pardon. J'ai compris à ce moment-là que je ne lui en voulais plus, que ses actions passées, présentes et futures n'avaient plus d'emprise sur ma vie, que j'étais et que je suis libre. La pitié est née de ma compréhension qu'elle n'était pas libre et qu'elle ne le serait probablement jamais, enfermée qu'elle est dans des croyances et des schémas dont je doute qu'elle ait la force de se sortir un jour. Mentalement, je lui ai envoyé ma compassion ainsi que des pensées positives, et je me suis dirigée vers la caisse pour régler mes achats.

Notre soirée de Noël s'achève dans la bonne humeur, même si Christiane a un peu abusé du champagne et qu'elle s'exprime plus fort que d'habitude. Ghislaine veillera à ce qu'elle arrive à bon port.

Tim m'a encore remerciée pour mon écharpe, dont il a l'air d'apprécier la texture puisqu'il a passé la soirée à en caresser les pans. Je pense que cela doit le rassurer de se sentir dans un cocon de douceur. Je n'ose imaginer combien le monde doit sembler brutal aux yeux d'un autiste Asperger, il l'est déjà tant pour nous, commun des mortels.

Je ferme la boutique avec Éliane et lui dis bonsoir tout en lui souhaitant de bonnes vacances. Nous ne rouvrons que le 6 janvier prochain. Elle part avec son époux voguer sur la mer des Caraïbes. Elle aussi me promet une carte postale. Elle m'avait proposé d'ouvrir la librairie si je le souhaitais, mais je la soupçonne de penser principalement à moi et à mes faibles revenus, aussi j'ai décliné la proposition. De plus, j'ai besoin moi aussi de vacances. Je dois réviser pour passer ma première certification de coaching. J'ai déjà eu des demandes *via* ma chaîne YouTube, et je pense pouvoir prendre en charge mes premiers clients d'ici à quelques semaines. C'est excitant ! Une nouvelle phase de mon existence… En attendant, j'ai créé le site des Porcelaines de Ghislaine, avec une boutique en ligne, et j'ai été rémunérée pour mon travail.

J'arrive chez moi au moment où les premiers flocons de neige se mettent à tomber. Nous aurons un Noël blanc, c'est ce que la météo a prévu. Un vrai Noël, comme dans mon enfance… ou comme en Laponie. Justement, j'aperçois dans ma boîte aux lettres une carte postale. Françoise et Fabien n'ont pas perdu de temps ! J'ouvre la porte, allume la lumière et regarde la photo sur la carte. Ça ne ressemble pas du tout à la Laponie…

Les chutes d'Iguazú !

Je retourne la carte et prends connaissance de cette écriture petite et serrée que je ne connaissais pas encore, et qui commence en français par « Bonjour belle Claire » avant de se poursuivre en anglais.

Je te confirme qu'aux chutes et au parc national d'Iguazú il y a autant de monde qu'à Carcassonne. Mes amis et moi avons cependant pu sortir des sentiers battus pour découvrir des endroits plus sauvages, des lieux, pourtant magnifiques, dont on ne fait pas de cartes postales. J'essaierai de t'envoyer quelques photos lorsque je retrouverai du réseau.

À partir du mois de juin prochain, je participe au tournage d'une émission sur le minimalisme dans le Montana. On réunit des gens à travers le monde qui ont choisi la voie de la simplicité. Est-ce que cela t'intéresserait de faire partie du projet ? Réponds-moi par mail, je le consulterai *ASAP* !

Thoughts and kisses,

S.

J'ignore encore ce que je vais répondre, mais je sais que je suis totalement libre de ma décision.

Partir ou rester, cela m'appartient. Rejoindre Sasha pour de nouvelles aventures ou rester au sein de la communauté que je me suis créée ici, parmi ces gens chers à mon cœur. Quel que soit le choix que je ferai, je l'assumerai et l'embrasserai pleinement, avec cette flamme de joie qui fait désormais partie de moi. Le Montana, c'est loin de la mer, mais où que j'aille, où que la vie me mène, je sais que je la porte désormais en moi, dans mon cœur et dans chacune de mes cellules.

Je m'endors sur la perspective d'un avenir qui contient tous les possibles, toute la mer dans un coquillage.

Achevé d'imprimer en mai 2020
Par Normandie Roto Impression s.a.s.
61250 Lonrai
N° d'imprimeur : 2001526

Imprimé en France

ISBN : 978-2-263-16999-1
Code éditeur : L16999
Dépôt légal : juin 2020

Solar, un département d'Edi8
92 avenue de France
75013 Paris

Retrouvez-nous sur www.lisez.com/solar/9